车间班组
7S管理规范

陈晓刚
苏弟英
金志刚
主编

企业管理出版社
ENTERPRISE MANAGEMENT PUBLISHING HOUSE

图书在版编目（CIP）数据

车间班组7S管理规范 / 陈晓刚，苏弟英，金志刚主编. -- 北京：企业管理出版社，2023.3
（立正精益管理丛书）
ISBN 978-7-5164-2793-4

Ⅰ. ①车… Ⅱ. ①陈… ②苏… ③金… Ⅲ. ①车间管理－生产管理－规范 Ⅳ. ① F406.6-65

中国版本图书馆CIP数据核字(2022)第252648号

书　　名： 车间班组7S管理规范
书　　号： ISBN 978-7-5164-2793-4
作　　者： 陈晓刚　苏弟英　金志刚
策　　划： 朱新月
责任编辑： 解智龙　曹伟涛
出版发行： 企业管理出版社
经　　销： 新华书店
地　　址： 北京市海淀区紫竹院南路17号　**邮　　编：** 100048
网　　址： http://www.emph.cn　**电子信箱：** zbz159@vip.sina.com
电　　话： 编辑部（010）68487630　发行部（010）68701816
印　　刷： 北京博海升彩色印刷有限公司
版　　次： 2023年3月第1版
印　　次： 2023年3月第1次印刷
开　　本： 710mm×1000mm　1/16
印　　张： 15印张
字　　数： 158千字
定　　价： 68.00元

PREFACE

前言

制造业一直是我国经济发展的强劲动力，经过近十年的快速发展，在总量和规模方面，我国制造业已位居世界第一。近年来国家大力推动中小企业向“专精特新”方向发展，这对企业精细管理、安全生产、现场管理提出了更高的要求。

制造业是我国国民经济的基础产业，制造型企业的发展水平侧面体现了一个国家的综合实力。我国制造业正处于加速升级阶段，提升生产现场管理成为企业最紧迫的任务。7S 管理自引入企业以来，以其“实用实效、投入少、见效快”的优势，迅速被制造型企业接受和推广。7S 管理是企业夯实管理基础、提升管理水平、营造改善氛围的重要抓手。

本书是深圳市立正管理咨询有限公司结合国家标准及行业标准要求，借鉴了企业推进 7S 管理的优秀经验和推进方法编写而成。按照通用性、可操作性的原则，本书详细介绍了画线、定位、电器设施等 7S 管理通用规范，常用警示、工器具摆放、看板管理等 7S 管理专项规范，设备、管道、配电间、班组园地等生产现场 7S 管理规范，行政办公区域 7S 管理规范、检验室 7S 管理规范、仓库区域 7S 管理规范，并整合汇总企业的 7S 推行、长效维持等相关的管理制度。书中针对各项规范，分别阐述了其对象及规范

PREFACE

要求，并配有大量示范图解和实际案例。

希望本书中好的做法能激发企业员工的7S思维模式，在此基础上促进并发挥员工的创造力，通过7S管理和持续改善，将7S管理理念融入企业经营的各个环节，更好地保障企业安全生产、改善现场环境、提高工作效率、提升员工素养，并对助力企业强基固本、提升企业经济效益、树立企业良好形象起到推动作用。

CONTENTS 目录

CHAPTER 1 第一章 7S 管理通用规范

CHAPTER 2 第二章

7S管理专项规范

CONTENTS

CHAPTER 3 第三章

生产现场 7S 管理规范

CONTENTS

CHAPTER 4 第四章

行政办公区域 7S 管理规范

CONTENTS

CHAPTER 5 第五章
检验室 7S 管理规范

CHAPTER 6 第六章
仓库区域 7S 管理规范

CONTENTS

CHAPTER 7

第七章 7S 管理制度文件

CONTENTS

第一章

7S 管理通用规范

CHAPTER 1

1.1 7S 色彩规范

1.1.1 安全色

安全色定义为传递安全信息含义的颜色，包括红色、黄色、蓝色、绿色四种颜色，如表 1–1 所示。

表 1–1　安全色及其表征

颜色	图示	颜色表征
红色		传递禁止、停止、危险或提示消防设备、设施的信息
黄色		传递注意、警告的信息
蓝色		传递必须遵守规定的指令性信息
绿色		传递安全的提示性信息

1.1.2 对比色

对比色定义为使安全色更加醒目的反衬色，包括黑色、白色两种颜色，如表 1–2 所示。

表 1–2　对比色及其表征

颜色	图示	颜色表征
黑色		用于安全标志的文字、图形符号和警示标志的几何边框
白色		用于安全标志中红、蓝、绿的背景色，也可用于安全标志的文字和图形符号

安全色与对比色同时使用时，应符合搭配使用要求，如表 1–3 所示。

表 1–3 安全色与对比色搭配使用要求

安全色	对比色
红色	白色
黄色	黑色
蓝色	白色
绿色	白色

为了视觉表达强烈，通常也采用安全色与对比色的相间条纹。相间条纹为等宽条纹，倾斜 45°，以色带、色条等形式出现，如表 1–4 所示。

表 1–4 安全色与对比色的相间条纹

1	图示	
	类型	红色与白色相间条纹
	定义	表示禁止的安全标志
2	图示	
	类型	黄色与黑色相间条纹
	定义	表示危险位置的安全标记
3	图示	
	类型	蓝色与白色相间条纹
	定义	表示指令的安全标记，传递必须遵守规定的信息
4	图示	
	类型	绿色与白色相间条纹
	定义	表示安全环境的安全标记

1.1.3 7S 色彩应用

7S 管理活动中，一般会用到红色、黄色、绿色、白色这四种颜色。每种颜色在满足安全色的应用规范要求的前提下，在不同应用场景选择不同的色彩，如表 1–5 所示。

表 1–5 安全色在不同应用场景下的选择

颜色	实例	应用场景
红色		应用于各种禁止标志、转动部位防护罩、交通禁令标志、消防设施标志、高温 / 高压区域画线、机械的停止、急停按钮标志、报废区域等
黄色		应用于各种警示标志、通道边线、防踏空画线、区域画线等
绿色		应用于各种提示标志、厂房的安全通道、机械启动按钮等
白色		应用于厂区道路画线

1.2 区域画线规范

1.2.1 画线应用（见表 1-6）

表 1-6 画线应用

序号	名称	图例	线宽	应用
1	黄色实线		100mm	（1）主通道线边线 （2）生产区域设备定置
			50mm	（1）区域划分线 （2）实验室 / 仓库物品定置
			10mm	台面、货架物品定位
2	红色实线		50mm/100mm	报废区、危险区、高温区、禁止进入区域
3	斜黄黑相间颜色线		50mm/100mm 等间距 45° 斜度	警示区域，如地面凸起物、易碰撞处、设备机座的围堰、盖板需要警示的区域
4	黄黑相间颜色线		50mm~100mm 等间距 90°	警示区域，如路肩石、转角处、“工”字钢 / 圆柱等需要警示的区域
5	白色线		150mm	车道线
			120mm	车位线

1.2.2 区域线

应用对象

各区域分界线。

规范要求

标准类型：强制标准。

材料：黄色路标漆或地胶带（地面状况比较平整光滑的情况下）。

规格：线宽 100mm。

要求：区域线距离设备四周边缘应不小于 800mm，根据地面工具车、物料筐、半成品区、成品区域面积等调整。

示范图解

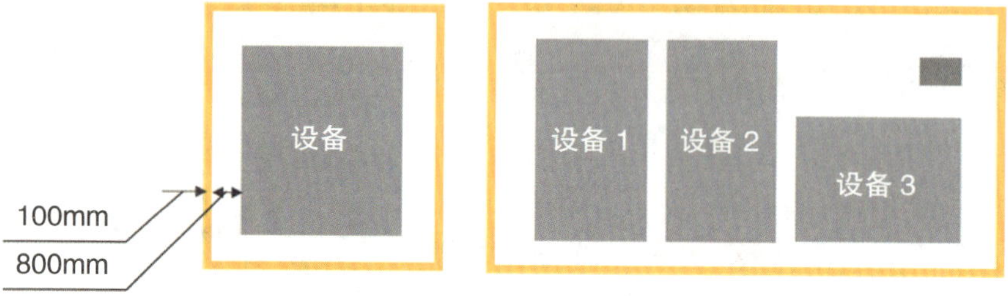

实际案例

1.2.3 通道线

应用对象

适用于生产现场、仓库、机修间等区域的通道边线。

规范要求

标准类型： 强制标准。

材料： 黄色油漆或地胶带（地面状况比较平整光滑的情况下）。

规格：（1）主通道线宽为 100mm；次通道线宽为 50mm。

（2）通道靠近墙侧时，距离墙面 120mm~200mm 为宜。

实际案例

1.2.4 地面通道颜色

应用对象

适用于生产现场内区分主要通道、参观通道。

规范要求

标准类型： 建议标准。

材料： 地坪漆。

规格： 主通道宽 1500mm~2000mm；参观通道宽 1500mm~2000mm；巡检通道宽 800mm~1200mm。

要求： 主通道一般为地面本色，参观通道为绿色或地面本色，可以根据实际情况定义，确保企业内部统一即可。

示范图解

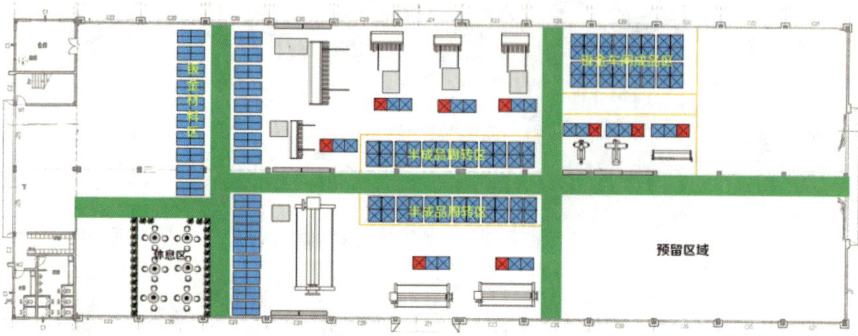

实际案例

1.2.5 地面导向标示

应用对象

流量大、有分岔路口的通道。

规范要求

标准类型：建议标准。

材料：耐磨地贴、油漆。

规格：参考示范图解，结合实际情况确定。

内容：去向箭头、去向区域名称，不同区域可用不同颜色区分，安全出口用绿底白字。

示范图解

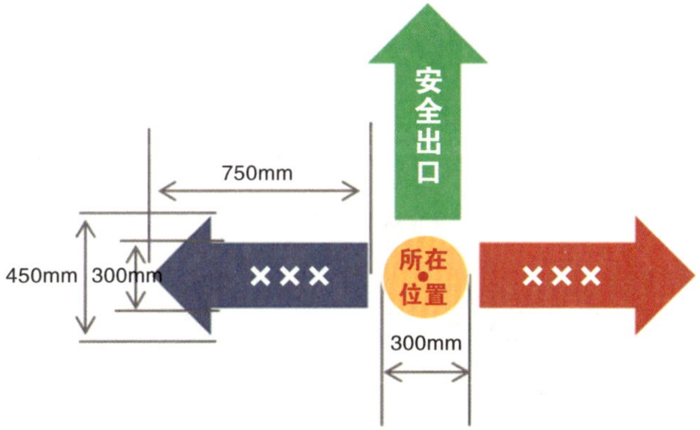

实际案例

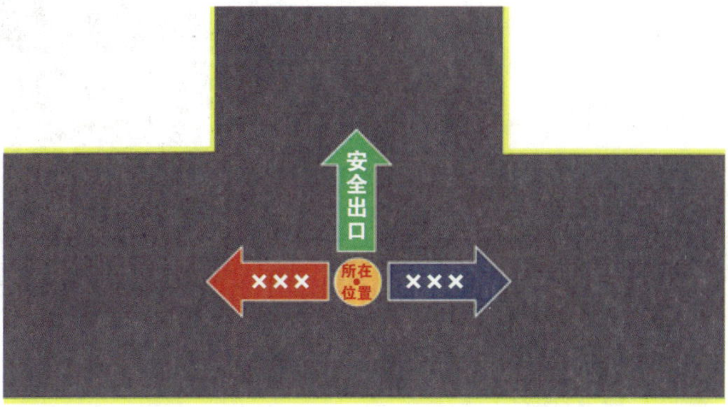

1.3 定置定位规范

1.3.1 移动物品定置

应用对象

推车、叉车、电焊车等带有轮子且经常移动的设备（不含消防设施）。

规范要求

标准类别： 强制标准。

材料： 黄色路面油漆、定位胶带。

规格： 外线框宽度为 50mm；箭柄长为 150mm，宽 50mm；箭头顶点与线框外延齐平，箭头边长 100mm，具体参考示范图解。

内容： 采用在实线框一边中间开口，标注箭头，用以明示移动式物品使用时出口处。

示范图解

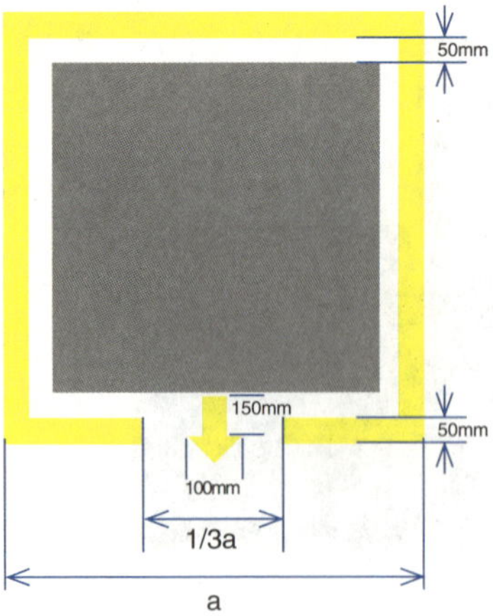

实际案例

1.3.2 非移动物品定置

应用对象

适用于不能移动或不经常移动的电器、设备、物品等（不含消防设施）。

规范要求

标准类型： 强制标准。

材料： 黄色油漆或地胶带。

规格： 线宽 50mm，直角边长 150mm。

要求： 视实际情况可以采用实线框或四角定位线等形式对物品进行定位；设备或物品四周边缘距离定位线 50mm。

示范图解

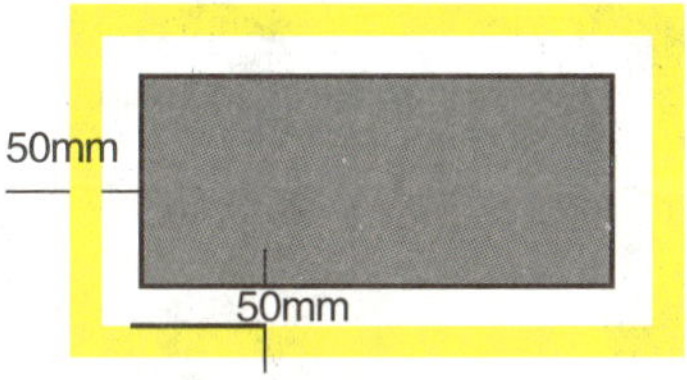

四周定位

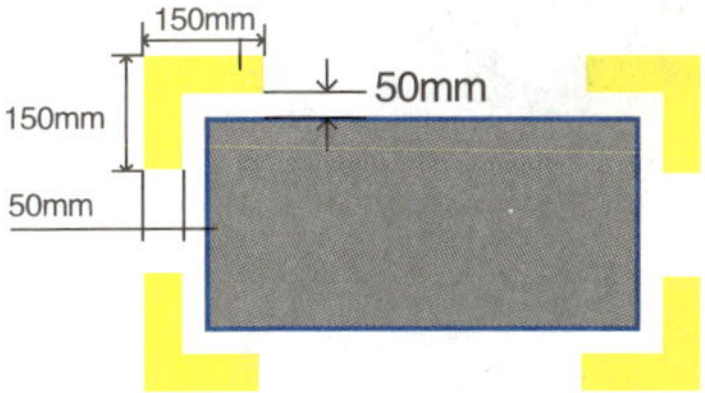

四周定位

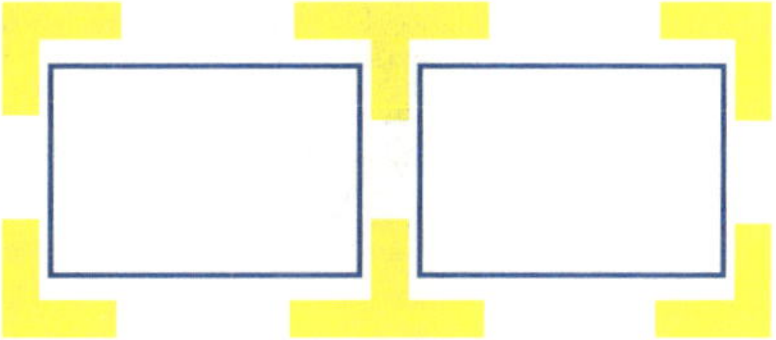

四周定位（并排）

实际案例

1.3.3 桌面隐形定位

应用对象

适用于桌面放置的笔筒、电话、水杯等小物品。

规范要求

标准类型：建议标准。

材料：带背胶耐磨防水 PVC。

规格：直径为 30mm 圆形定位贴。

要求：浅色桌面可用蓝色底白色图案或透明底黑色图案；深色桌面可用透明底白色图案。粘贴在需定位物品正下方。

实际案例

1.3.4　桌面四角定位

应用对象

适用于桌面上打印机、裁纸机等大型物品定位。

规范要求

标准类型： 建议标准。

材料： 带背胶耐磨防水 PVC。

规格： 线宽 10mm，直角边长 30mm。

要求： 可根据需求定义颜色，同区域内颜色统一即可，四角定位贴内边缘距离物品 2mm。

示范图解

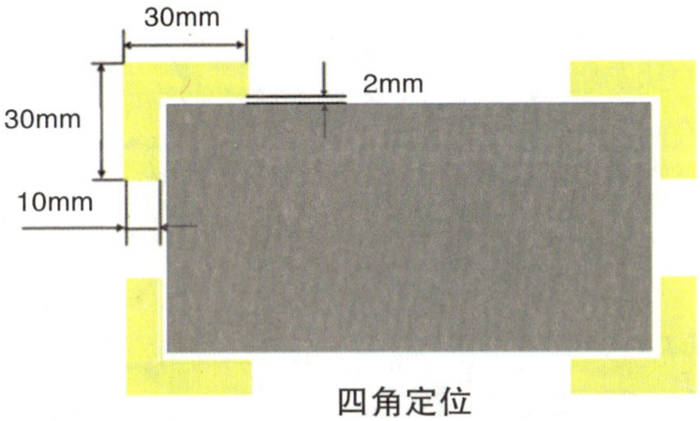

四角定位

实际案例

1.3.5 区域标示牌

应用对象

工器具区域。

规范要求

标准类别： 建议标准。

材料： 亚克力。

规格： 600mm（长）×300mm（宽）。

内容： 各区域要有区域标示，标明物品名称、责任人。

实际案例

1.4 电器设施 7S 规范

1.4.1 电源控制箱标识

应用对象

配电箱。

规范要求

标准类型：强制标准。

材料：广告贴纸、标签打印机色带。

规格：宽 12mm 或 24mm 标签打印机色带，尺寸根据配电箱面积合理选择。

要求：配电箱名称标识使用黄色广告贴纸，配电箱正面有“当心触电”警示标识，电源开关使用宽 12mm 黄色标签打印机色带标明控制对象。

实际案例

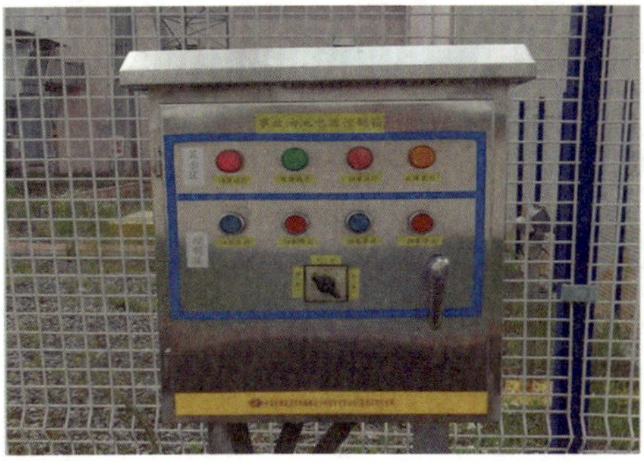

1.4.2 长排开关标示方法

应用对象

漏电保护、空气开关。

规范要求

标准类型： 强制标准。

材料： 黄底黑字色带。

规格： 色带宽度为 12mm，根据开关距离调整列宽。

要求： 标识与每个开关一一对应。

示范图解

实际案例

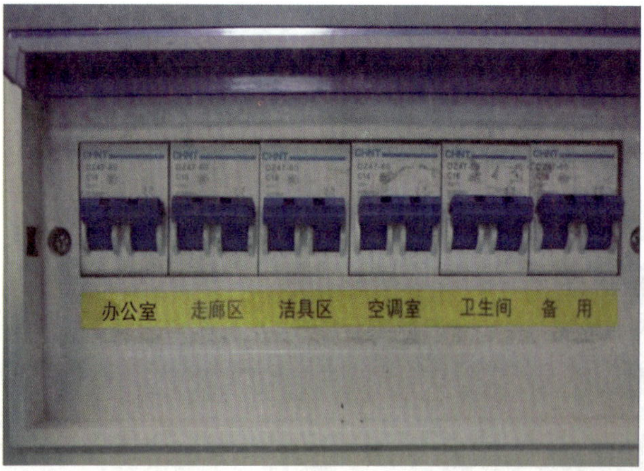

1.4.3 电源指示灯、开关按钮标示

应用对象

电源指示灯、开关按钮。

规范要求

标准类型： 强制标准。

材料： 12mm 黄底黑字色带。

规格： 36mm（宽）×12mm（高）。

要求： 标识清晰、横平竖直。

实际案例

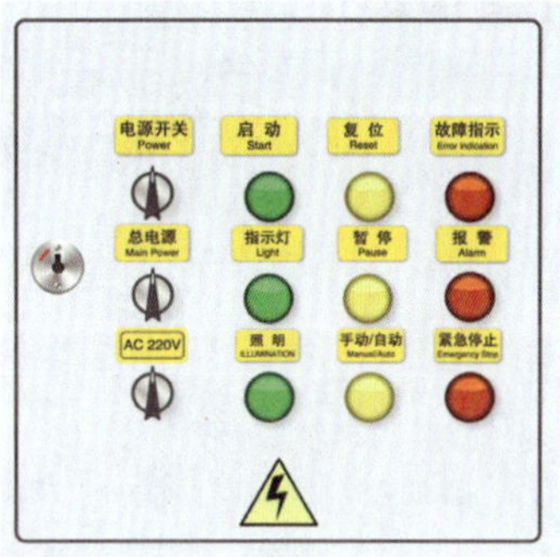

1.4.4 接地装置

应用对象

明敷接地扁铁、接地线。

规范要求

标准类型： 强制标准。

材料： 黄色、绿色表面油漆。

规格： 线宽 15mm~100mm。

要求： 刷漆时黄绿线相间宽度要相等；在扁铁表面设置蓝色静电接地铭牌标志；断接卡位置禁止刷漆，检测点 200mm 范围内禁止刷漆。

示范图解

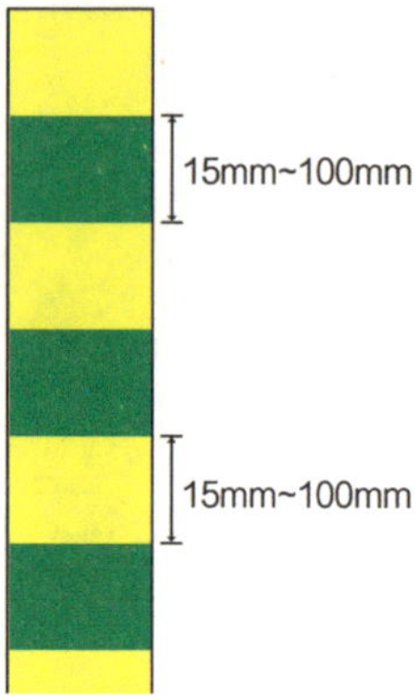

实际案例

1.4.5 电线、气管整理

应用对象

电线、气管。

规范要求

标准类型：建议标准。

材料：魔术贴、塑料扎带、固定扣、线槽、束线管。

规格：扎带长度 100mm~150mm，束线管选择规格 ¢ 12mm~18mm、¢ 18mm~22mm。

要求：用束线管整理电源线、气管捆扎，电源线用线槽走线；布线整齐、平行。

实际案例

1.4.6 设备责任人标牌

应用对象

设备。

规范要求

标准类别：强制标准。

材料：亚克力，铝合金。

规格：220mm（长）×120mm（宽），尺寸根据设备面积合理选择。

内容：设备运行状态牌，填写责任人、设备名称、型号规格、设备编号、报修电话等。

示范图解

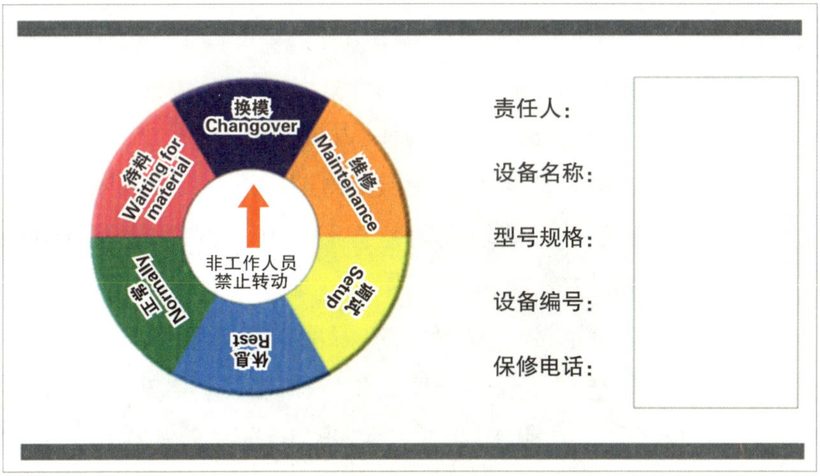

1.5 消防设施管理规范

1.5.1 消防安全整体要求

应用对象

行政办公区、生产现场等。

规范要求

标准类型： 强制标准。

要求： （1）各区域应按照国家消防安全配置标准配置相应的消防设置。

（2）每个责任区内须设置消防器材平面布置图，建筑物每个楼层内须设置紧急情况逃生路线图；建筑物外部空旷位置须设置紧急集合点，要求不能阻塞消防通道，3 分钟内可到达。

（3）消防栓、灭火器定置用红色定位线，定位区域为消防栓墙面突出部分，两侧各延伸 50mm；消防栓开关位置都要填充 45 度实线；灭火器材靠墙摆放，用宽 50mm 的红色线四周定位，线与器材间隔 20mm；靠墙位置不需要画线。隐藏式的消防器材应用显眼易见的标识。

（4）消防栓要求整洁、完好无破损、无不必要张贴物；箱内水枪、水龙带配置齐全；箱门上贴有火警电话；箱内若有火警按钮的，应正常可用；箱面上应有编号。

（5）灭火器要求整洁、完好无破损，无不必要张贴物；标示牌垂直悬挂，标明灭火器材的种类和配置地点的编号；灭火器箱内存放压力达标、足够数量的灭火器，灭火器有定期检查记录。

（6）疏散指示照明及标识完好。

（7）门口、通道的墙面上须有紧急出口指示，箭头必须指向最近的安全出口。

1.5.2 安全集合点标示

应用对象

公司安全集合点。

规范要求

标准类别： 强制标准。

材料： 钢板烤漆、3M 工程级反光材料贴膜。

规格： 设计成三角形立牌，边长 550mm，整体高度为 2200mm，可以根据实际需要调整，铝板四周折边。

要求： 集合点图标，标示立于安全、宽阔的区域。

示范图解

实际案例

1.5.3 安全应急疏散图

应用对象

办公楼层、生产区域。

规范要求

标准类别：强制标准。

材料：亚克力或铝板覆膜。

规格：室内尺寸为 1200mm（长）× 900mm（宽）；室外或大区域尺寸为 2400mm（长）× 1200mm（宽），可根据实际需要调整。

内容：区域布局图（包含各区域、门牌编号和名称）、通道、消防器材分布、所在位置、紧急逃生出口、疏散路线、方向标示、火警电话；安装于区域入口，生产区域通道转弯处、交叉路口、主要出入口等醒目位置。

实际案例

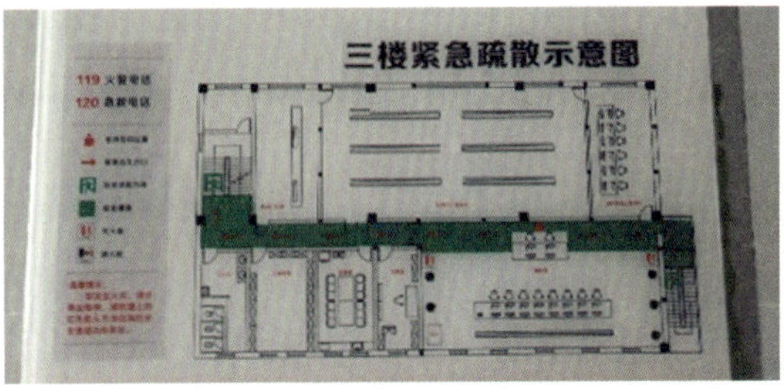

1.5.4 消防栓定位

应用对象

消防栓。

规范要求

标准类别： 强制标准。

材料： 红色地胶带、红色路面漆。

规格： 定位区域为消防栓墙面突出部分，垂直投影两侧各延伸 50mm；禁止阻塞线采用由左下向右上侧呈 45° 的红色线，宽度为 50mm，间距为 50mm，具体见示范图解 a，投影位置都要填充 45 度实线；无堵塞隐患的消防栓不用画禁止阻塞线，参考示范图解 b 画法，如通道墙体、楼梯平台上的消防栓等。

示范图解

a. 标准的画法

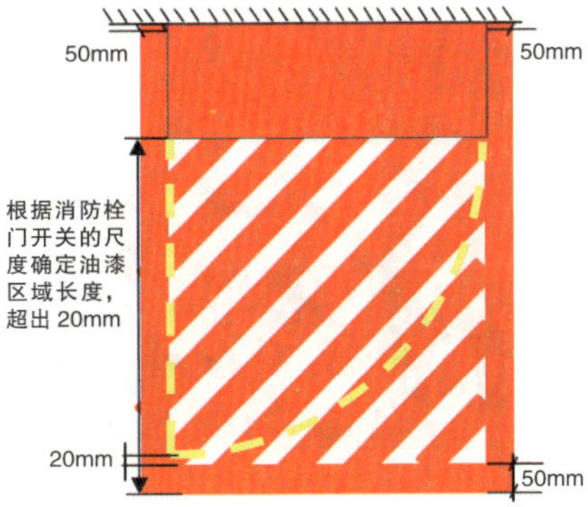

b. 无堵塞隐患的消防栓画法

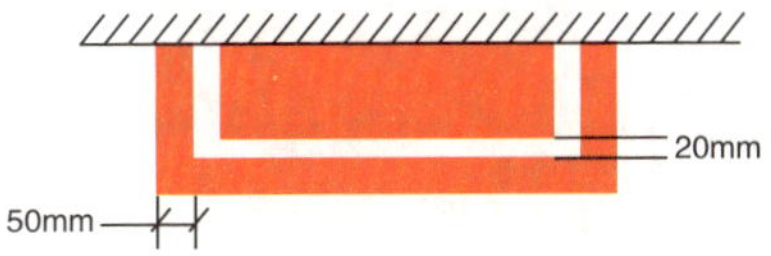

实际案例

1.5.5 消防栓标示

应用对象

消防栓。

规范要求

标准类别：强制标准。

材料：透明无痕广告贴。

规格：参考样式，具体参考消防栓尺寸。

内容：消防栓名称、使用方法、火警电话、注意事项等。

示范图解

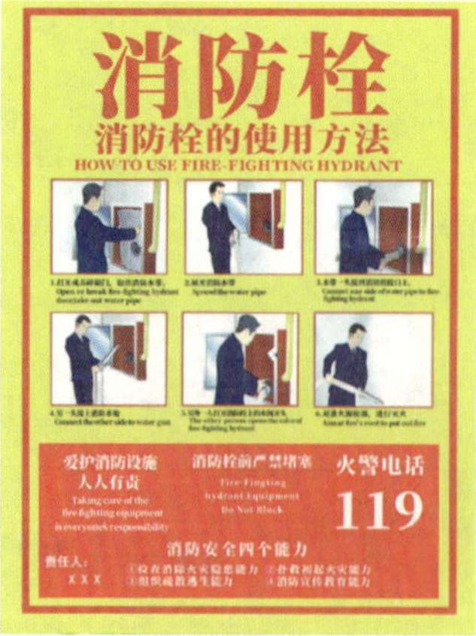

实际案例

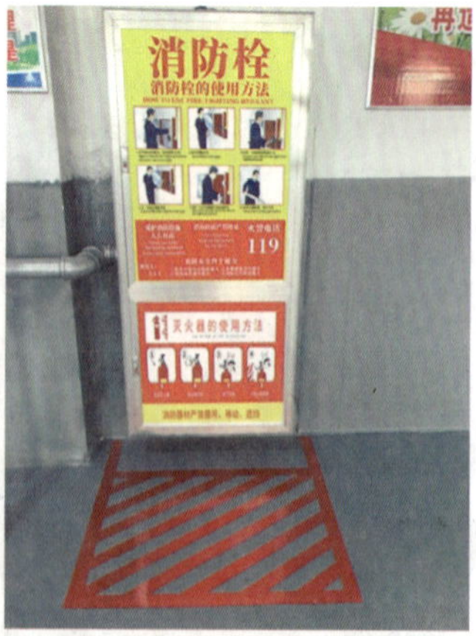

1.5.6 灭火器定位

应用对象

灭火器。

规范要求

标准类别：强制标准。

材料：红色地胶带、红色路面漆。

规格：定位区域为消防栓墙面突出部分，垂直投影两侧各延伸 50mm；禁止阻塞线采用由左下向右上侧呈 45° 的红色线，宽度为 50mm，间距为 50mm，具体见示范图解 a，投影位置都要填充 45 度实线；无堵塞隐患的灭火器不用画禁止阻塞线，参考示范图解 b 画法，如通道墙体、楼梯平台上的灭火器等。

示范图解

a. 标准的画法

b. 无堵塞隐患的灭火器画法

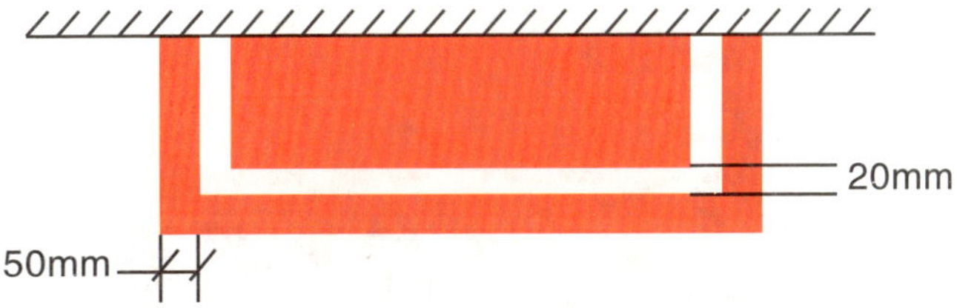

实际案例

1.5.7 灭火器标示

应用对象

灭火器。

规范要求

标准类别： 强制标准。

材料： 亚克力，3M 反光膜 + 铝板。

规格： 350mm（长）× 200mm（宽）。

内容： 灭火器名称、编号、使用方法、火警电话、注意事项等；灭火器箱应保持完好，无破损，开关顺畅，箱体标识及文字清晰可见；须区分干粉灭火器和二氧化碳灭火器；标示贴于灭火器后墙面正上方，离地面 700mm（可据实调整）。

示范图解

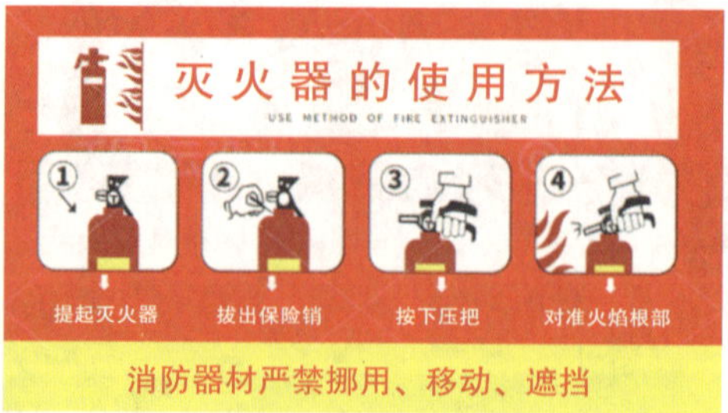

实际案例

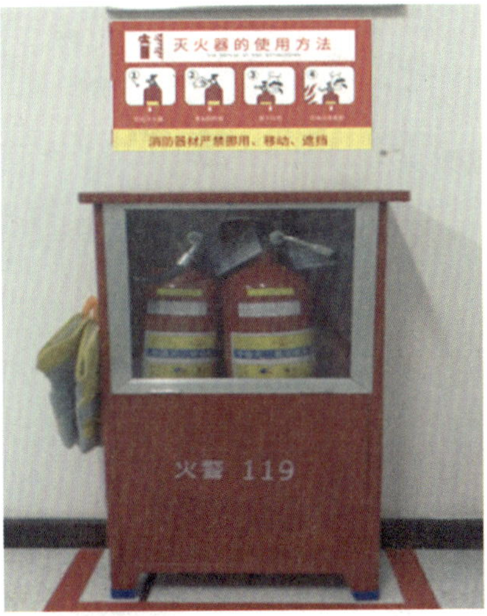

1.5.8　消防器材点检卡标示

应用对象

适用于公司生产区域所有消防器材。

规范要求

标准类型：强制标准。

材料：卡片纸。

规格：100mm（长）×140mm（宽），可根据实际情况调整。

内容：消防器材名称、规格、定置地点、所属部门、灭火器编号、用途、配置时间、有效期、检查日期等；将卡片插入卡套中挂放在相应消防设施的旁边，设施负责人须每月定期点检消防设施，并签字确认。

示范图解

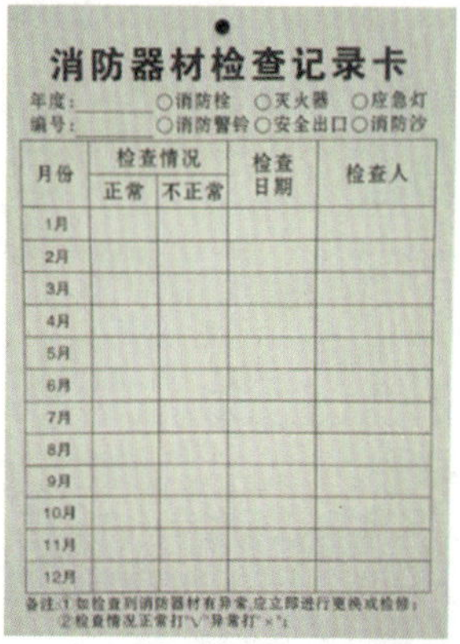

消防器材检查记录卡

年度:________ ○消防栓 ○灭火器 ○应急灯
编号:________ ○消防警铃 ○安全出口 ○消防沙

月份	检查情况		检查日期	检查人
	正常	不正常		
1月				
2月				
3月				
4月				
5月				
6月				
7月				
8月				
9月				
10月				
11月				
12月				

备注:① 如检查到消防器材有异常,应立即进行更换或检修;
② 检查情况正常打"√"异常打"×"。

实际案例

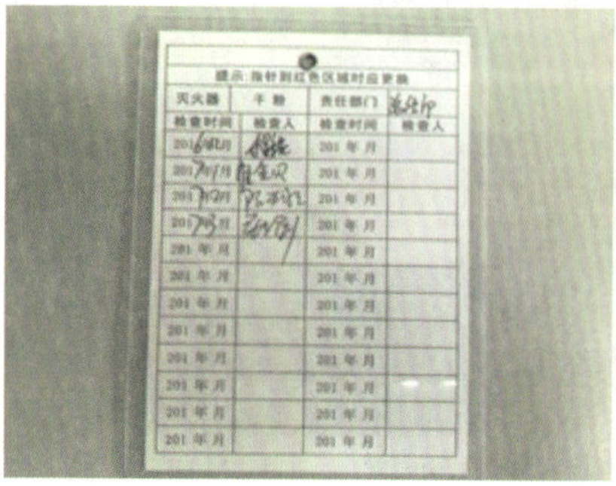

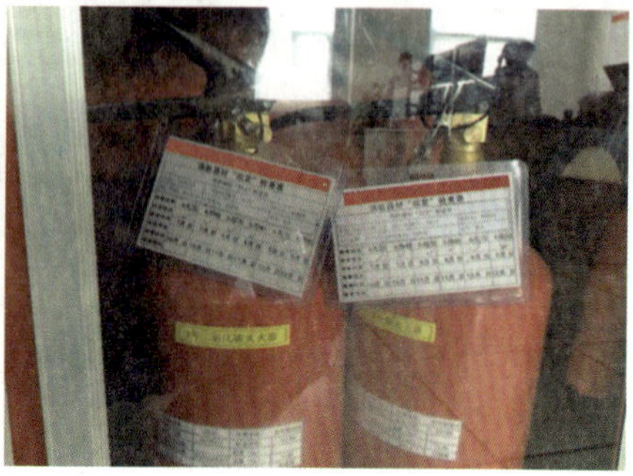

第二章

7S 管理专项规范

CHAPTER 2

2.1 常用警示标志规范

2.1.1 警示性标志

应用对象

有放射性或飞散物质的场所，有高空坠落或陷阱的场所，有机械伤害危险的部位，有潜在危险的部位。

规范要求

标准类别：强制标准。

材料：铝合金烤漆、铝合金覆 3M 工程级反光膜。

规格：参考示范图解。

要求：单面印刷，白色图案，黄色衬底，悬挂或张贴在显眼的地方。

示范图解

警告标志牌的参数（角度 $\beta=45°$）

单位：mm

参数 / 规格	观察距离（L）	a	b	$b_1(a_1)$	a_2	c
A	$L \leq 2500$	150	120	92	35	$0.06a_1$
B	$2500 < L \leq 4000$	230	190	140	53	$0.06a_1$
C	$4000 < L \leq 6300$	360	290	220	83	$0.06a_1$
D	$6300 < L \leq 10000$	580	470	354	133	$0.06a_1$
E	$10000 < L \leq 16000$	920	740	561	212	$0.06a_1$
F	$16000 < L \leq 25000$	1450	1160	885	334	$0.06a_1$
G	$25000 < L$	2300	1840	1403	529	$0.06a_1$
注：局部信息标志牌宜用 A、B 或 C 规格；车间宜用 D 或 E 规格；车间入口处、厂区内和工地内宜用 E 或 F 规格；工地、工厂等的入口处宜用 F 或 G 规格 边框外角半径 $r=0.056a_2$						

警告标志牌的制图标准

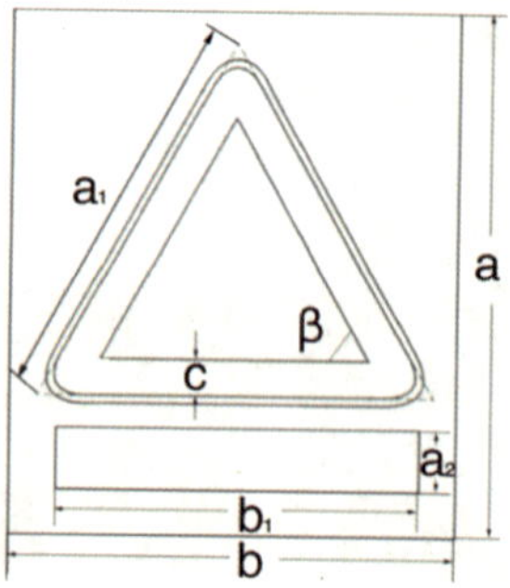

实际案例

2.1.2 禁止性标志

应用对象

存在危险隐患、绝对禁止某种行为的地方。

规范要求

标准类别： 强制标准。

材料： 铝合金烤漆、铝合金覆 3M 工程级反光膜。

规格： 参考示范图解。

要求： 单面印刷，外圈和斜杠为红色，悬挂或张贴在显眼的地方。

示范图解

禁止标志牌的参数（角度 β=45°）

单位：mm

参数 / 规格	观察距离（L）	a	b	a_1	d（b_1）	d_1	c
A	L ≤ 2500	120	100	28	73	0.8d	0.08d
B	2500 ＜ L ≤ 4000	180	150	41	110	0.8d	0.08d
C	4000 ＜ L ≤ 6300	290	240	67	117	0.8d	0.08d
D	6300 ＜ L ≤ 10000	460	370	106	281	0.8d	0.08d
E	10000 ＜ L ≤ 16000	740	600	170	451	0.8d	0.08d
F	16000 ＜ L ≤ 25000	1150	920	265	702	0.8d	0.08d
G	25000 ＜ L	1820	1460	419	1110	0.8d	0.08d

注：局部信息标志牌宜用 A、B 或 C 规格；车间宜用 D 或 E 规格；车间入口处、厂区内和工地内宜用 E 或 F 规格；工地、工厂等的入口处宜用 F 或 G 规格

禁止标志牌的制图标准

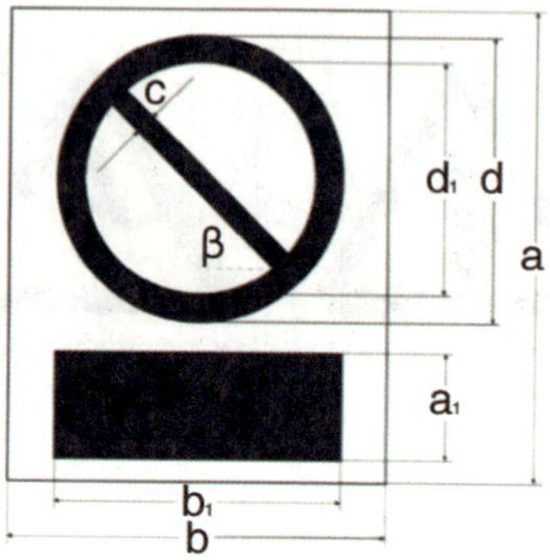

实际案例

2.1.3 指令标志

应用对象

化学用品，有毒物品的保管及使用场所，有放射性或飞散物质的场所，有高空坠落的场所，有潜在危险的场所。

规范要求

标准类别：强制标准。

材料：铝合金烤漆、铝合金覆 3M 工程级反光膜。

规格：参考示范图解。

要求：单面印刷，白色图案，蓝色衬底，悬挂或张贴在显眼的地方。

示范图解

指令标志牌的参数（角度 β=45°）

单位：mm

参数 规格	观察距离（L）	a	b	d（b_1）	a_1
A	L ≤ 2500	150	120	92	35
B	2500 ＜ L ≤ 4000	230	190	140	53
C	4000 ＜ L ≤ 6300	360	290	220	83
D	6300 ＜ L ≤ 10000	580	470	354	133
E	10000 ＜ L ≤ 16000	920	740	561	212
F	16000 ＜ L ≤ 25000	1450	1160	885	334
G	25000 ＜ L	2300	1840	1403	529
注：局部信息标志牌宜用 A、B 或 C 规格；车间宜用 D 或 E 规格；车间入口处、厂区内和工地内宜用 E 或 F 规格；工地、工厂等的入口处宜用 F 或 G 规格					

指令标志牌的制图标准

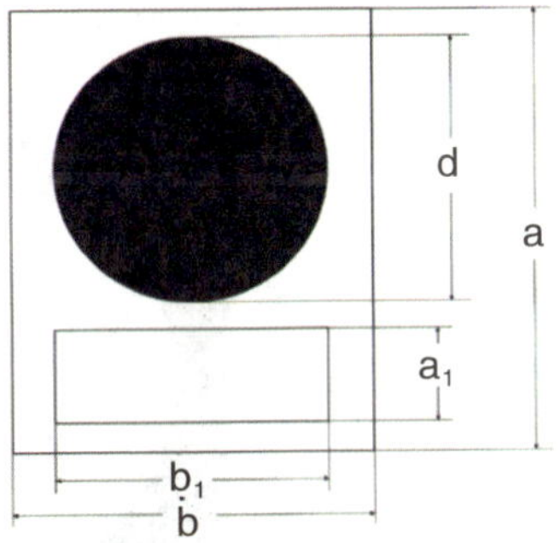

实际案例

2.1.4 提示标志

应用对象

化学用品，有毒物品的保管及使用场所，有放射性或飞散物质的场所，有高空坠落的场所，有潜在危险的场所。

规范要求

标准类别：强制标准。

材料：铝合金烤漆、铝合金覆 3M 工程级反光膜。

规格：参考示范图解。

要求：单面印刷，白色图案，绿色衬底，悬挂或张贴在显眼的地方。

示范图解

提示标志牌的参数（角度 β =45°）

单位：mm

参数 规格	观察距离（L）	a	d
A	L ≤ 2500	70	56
B	2500 < L ≤ 4000	100	80
C	4000 < L ≤ 6300	160	128
D	6300 < L ≤ 10000	250	200
E	10000 < L ≤ 16000	400	320
F	16000 < L ≤ 25000	630	504
G	25000 < L	1000	800
注：局部信息标志牌宜用 A、B 或 C 规格；车间宜用 D 或 E 规格；车间入口处、厂区内和工地内宜用 E 或 F 规格；工地、工厂等的入口处宜用 F 或 G 规格			

提示标志牌的制图标准

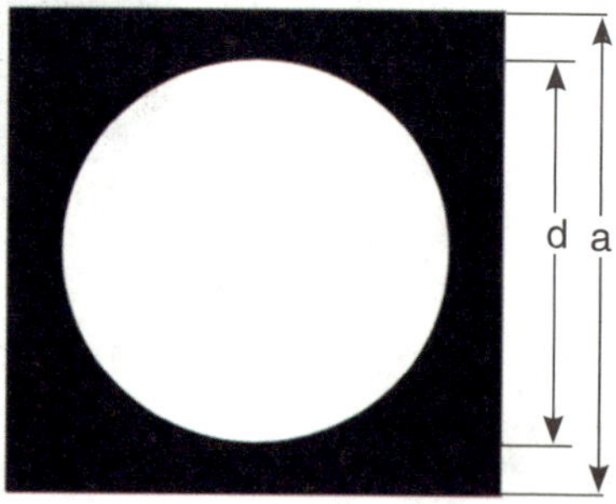

实际案例

2.1.5 危险物品保管标志

应用对象

易燃、易爆等化学物质及其保管场所，对出入人员及其环境有潜在致命影响的有毒物质及其保管场所。

规范要求

标准类别：强制标准。

材料：铝合金烤漆、铝合金覆 3M 工程级反光膜。

规格：棱形标志牌子，边长为 250mm 的直角棱形，以国标为准。

要求：明确危险物品的内容和图案，悬挂或张贴于保管危险物品的显眼位置或出入口正面。

示范图解

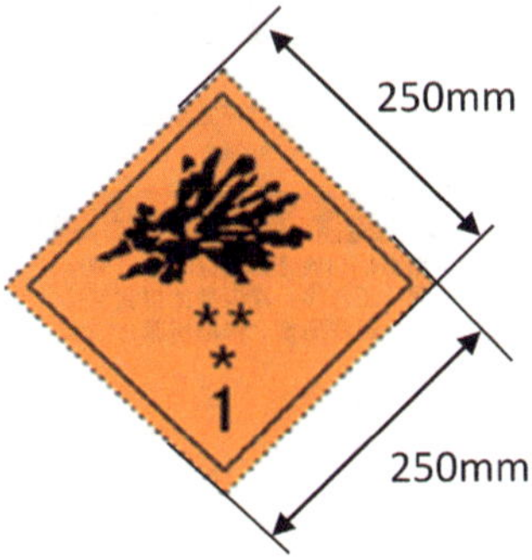

遇水释放出易燃气体的物品

氧化剂和有机过氧化物

放射性物质（第Ⅰ级）

放射性物质（第Ⅱ级）

2.1.6 职业危害因素公告牌

应用对象

有职业危害隐患区域。

规范要求

标准类别：强制标准。

材料：铝合金烤漆、铝合金覆 3M 工程级反光膜。

规格：1200mm（长）× 900mm（宽），可根据实际情况调整。

内容：健康危害、理化特性、应急处理、防护措施、标准限值、监测值、检测日期等。

实际案例

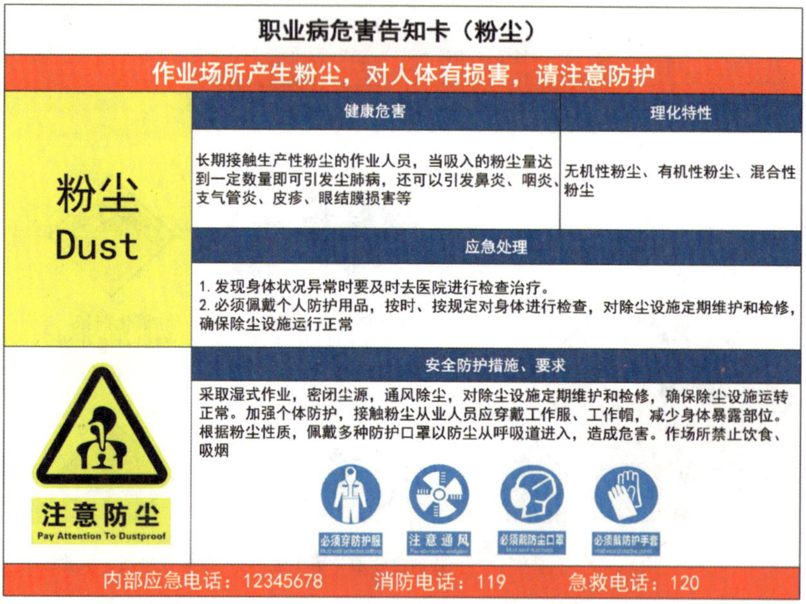

2.1.7 安全须知看板

应用对象

需要安全警示的区域、车间等。

规范要求

标准类别：建议标准。

材料：PVC 写真喷绘、亚克力 UV、不锈钢烤漆丝印。

规格：900mm（长）× 1200mm（宽），根据实际情况统一调整。

内容：区域名称、责任人、重点防火部位、进入须知、安全警示标志等，个别项目可根据实际情况增减。

实际案例

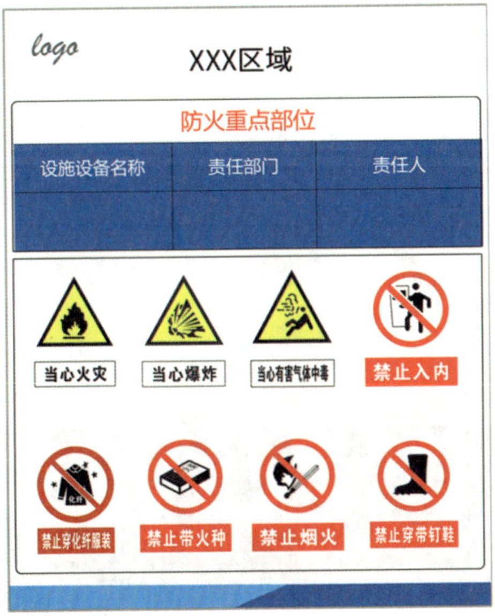

2.2 护栏警示规范

2.2.1 钢斜梯防护栏杆颜色

应用对象

倾斜式楼梯。

规范要求

标准类别： 强制标准。

材料： 中黄油漆。

规格： 钢斜梯防护栏杆整体设置为黄色；不锈钢、镀锌材料的护栏不刷漆。

要求： 涂刷油漆时一般要求刷三次，每次涂刷油漆不能太厚，等涂刷好的油漆干后再涂刷下一次。

实际案例

2.2.2 钢直梯的颜色

应用对象

钢直梯。

规范要求

标准类别：强制标准。

材料：中黄油漆、黑色油漆。

规格：安装固定梯子的宽度为 400mm 以上；必要时增加安全护笼，护笼直径在 600mm 以上，钢直梯上护笼用黄色；梯梁下方设置黄黑相间防撞警示线，防撞警示线离底端距离不小于 300mm。

要求：根据设备设施的需求情况安装固定梯子，某些设备自带固定梯子则无须安装；不锈钢、镀锌材料的护栏不刷漆。

示范图解

实际案例

2.2.3 安全隔离网

应用对象

配电房、升降机的升降通道，高压变电器房的安全隔离网，车间仓库隔离栅等。

规范要求

标准类别： 强制标准。

材料： 黄色油漆。

规格： 安全隔离网的高度应在 2000mm 以上，根据实际情况调整。

要求： 安全隔离网为黄色，根据情况加警示标识。

实际案例

2.2.4 防护栏警示标志

应用对象

护梯防护栏、平台防护栏。

规范要求

标准类别： 强制标准。

材料： 铝合金覆 3M 工程级反光膜。

规格： 参考警示牌尺寸标准。

内容： 护梯防护栏警示标志为“当心坠落”“禁止倚靠”“禁止翻越”；平台防护栏安全标志为“当心坠落”“禁止翻越”“禁止倚靠”“禁止抛物”。

实际案例

2.3 隐患位置警示规范

2.3.1 通道防撞警示

应用对象

柱子、墙角、突出建筑物、工程钢等容易造成碰撞部位。

规范要求

标准类型：强制标准。

材料：黄黑油漆、黄黑警示胶带。

规格：线宽 100mm，45° 等间隔黄黑线，可根据情况调整。

要求：防撞警示线：立柱或空中突出物高 1.5m 以上刷三黄两黑防撞线（不足 1.8m，按现场实际情况确定），黄黑线宽 100mm；防止碰头线：人行通道离地面（台阶）高度不足 1.8m 的固定障碍物上；防止绊跤线：人行通道地面上高差在 300mm 以上的管线或易造成绊倒、滑跌的其他障碍物上。

示范图解

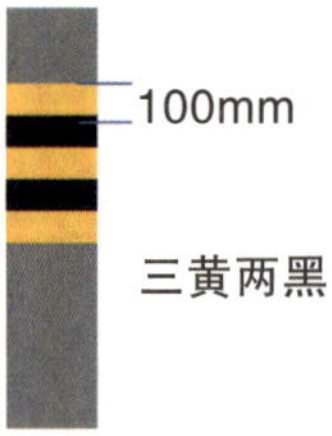

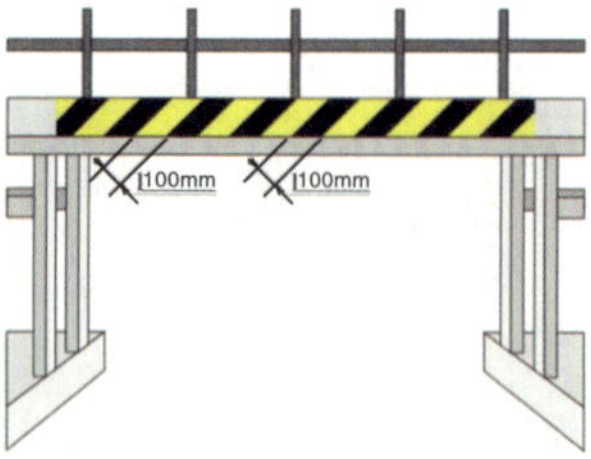

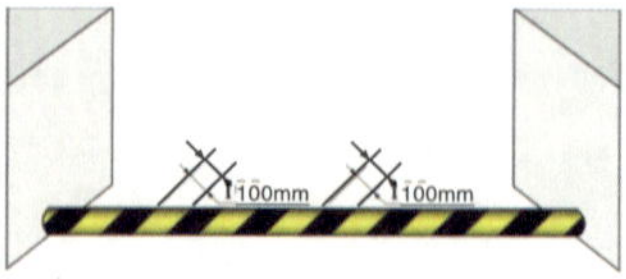

实际案例

2.3.2 旋转部位安全防护罩

应用对象

皮带传送部位、链条传送部位、联轴器等旋转部位、其他可能发生危险的部位。

规范要求

标准类别：强制标准。

材料：红色、白色油漆。

规格：箭头前端为边长 100mm 等边三角形，箭柄长度为 120mm，箭柄宽度为 50mm，根据实际情况调整。

内容：安全防护罩用红色油漆,标识物体旋转方向用白色箭头。

示范图解

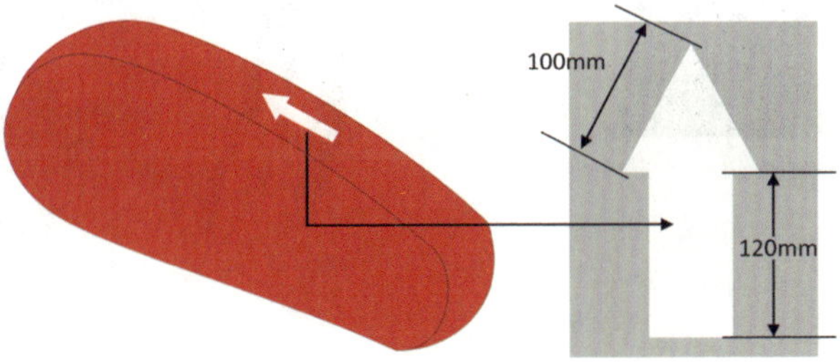

实际案例

2.3.3 螺杆警示

应用对象

适用于具有碰撞隐患的螺杆。

规范要求

标准类型：建议标准。

材料：PVC 管，黄色、黑色油漆。

规格：PVC 管长度为螺杆的长度 +30mm，管径为螺杆外径 +5mm；黄黑警示为黄色段—黑色段—黄色段，根据 PVC 管长度均分每段距离。

示范图解

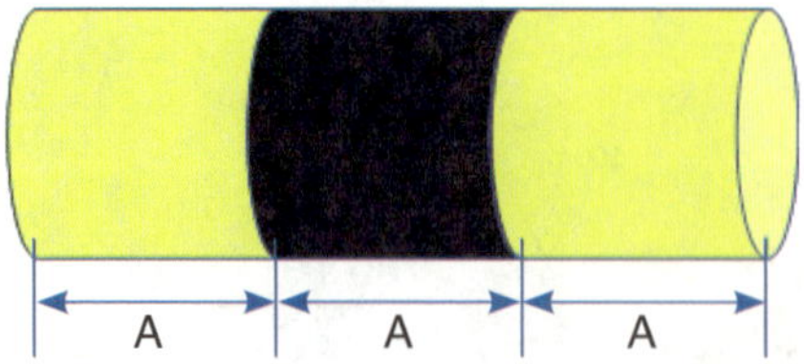

实际案例

2.3.4 防小动物挡板警示

应用对象

防小动物挡板、需要跨越且有安全风险部位。

规范要求

标准类型： 强制标准。

材料： 黄黑相间地胶带、反光警示贴。

规格： 黄黑线宽 50mm。

要求： 防小动物挡板上端用黄黑警示线、警示标识。

实际案例

2.3.5 卷帘门警示

应用对象

卷帘门警示上沿、左右两侧等，容易被人、车、物碰到的地方。

规范要求

标准类别： 强制标准。

材料： 黄色、黑色油漆，黄黑反光警示胶带。

规格： 警示线倾斜 45 度角，黑黄线间距为 100mm ／ 50mm。

要求： 警示线横平竖直，无气泡、破损、毛边。

实际案例

2.3.6　墙角、基座护角防护

应用对象

易碰撞的墙角、基座。

规范要求

标准类别： 建议标准。

材料： 黄黑反光防撞条。

规格： 宽度为 50mm/100mm。

要求： 易碰撞的墙角、基座增加防护和警示，防止碰撞。

实际案例

2.3.7　防止踏空线

应用对象

楼梯、有踏空隐患地方。

规范要求

标准类别：强制标准。

材料：黄色油漆。

规格：参考宽 50mm/150mm。

要求：楼梯的第一级阶梯平面和最后一个阶梯平面，有踏空隐患的地方。

示范图解

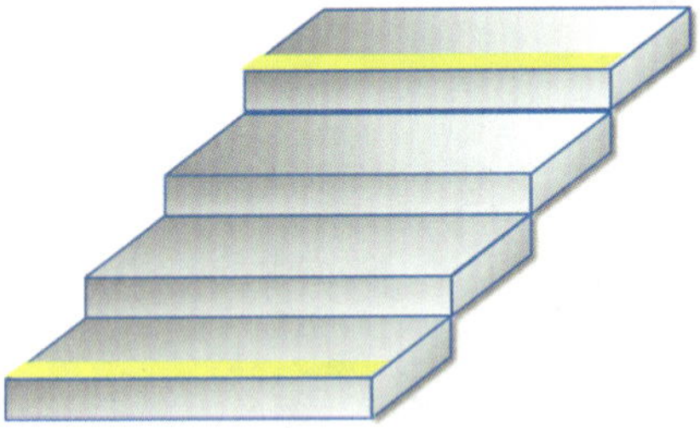

实际案例

2.3.8　升降平台出口地面标识

应用对象

升降平台、吊篮输送设备、固定梯等（非消防设施）随时可能出入、防止被占用的地面区域。

规范要求

标准类别：强制标准。

材料：黄色油漆。

规格：隔离区域用斜线框表示，角度 45°，斜线间距 65mm，斜线框宽度为设施设备门宽度，斜线的朝向在同一区域内要求一致，规格可根据情况调整。

要求： 在出入口划隔离区，防止被占用或是被堵塞，导致人或物不能通过。

示范图解

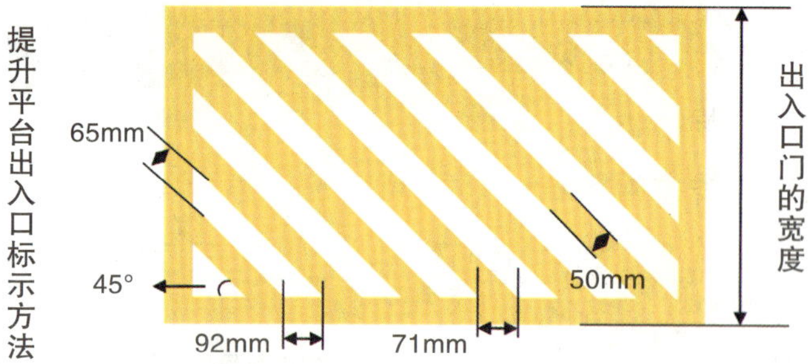

实际案例

2.3.9 地面危险警示

应用对象

用以表达特定安全信息，提示通行人员须注意。

规范要求

标准类别： 建议标准。

材料： 红色警示线、黄黑警示线。

规格： 黄黑警示线宽 50mm，字体、尺寸根据现场情况确定，以 3m 外可见为准。

内容：有安全风险的通道，使用红色线警示；受限于空间，通道有安全风险，要在地面贴黄黑警示线以及警示标语。

实际案例

2.4 工器具摆放规范

2.4.1 工器具形迹放置

应用对象

各种工具、器材类。

规范要求

标准类型： 建议标准。

材料： 工具柜、定置板、标签打印色带等。

规格： 定置柜、架标识大小根据情况合理调整。

要求： 制作定位底板，在存放工具位置刻出工具形状，每个工具的位置都有对应标识；工具箱有标示牌，标明管理部门和责任人。

示范图解

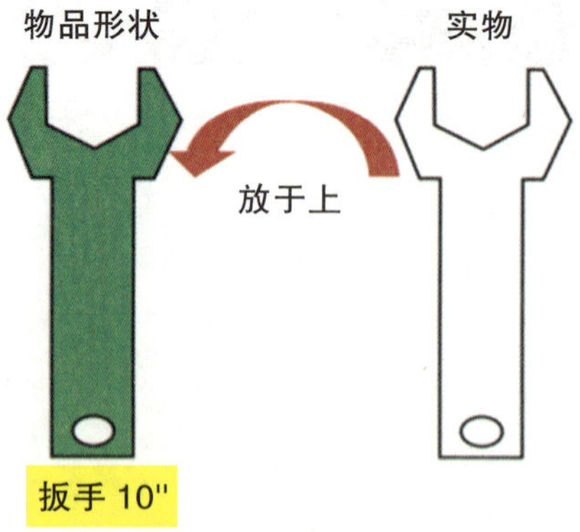

实际案例

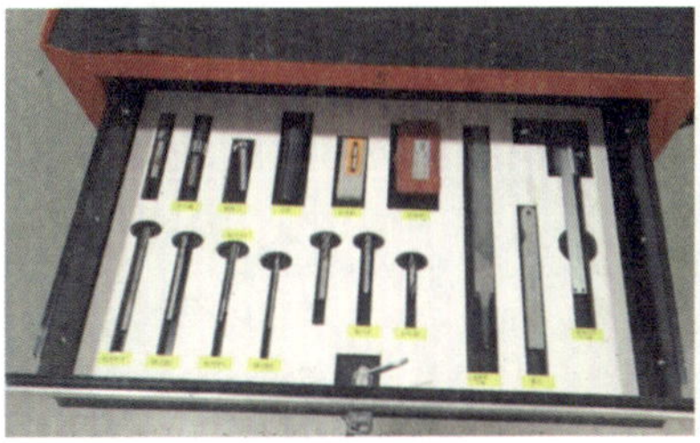

2.4.2 棍类工具管理方法

应用对象

各种适合竖立或是横排摆放的工具、器具、非标准专用工具类，此类工具形状一般比较修长。

规范要求

标准类型：建议标准。

材料：定置架、标签打印色带等。

规格：定置架、标识大小根据情况合理调整。

要求：制作适合的竖立式或横排式保管架；每个工具的定置位置都有标识；工具箱有标示牌，标明管理部门和责任人。

实际案例

2.4.3 维修类工具管理方法

应用对象

适用于同一类型但不同规格的工器具类。

规范要求

标准类型： 建议标准。

材料： 定置架、标签打印色带等。

规格： 按照工器具形状和大小量身定做工器具存放的特有卡槽。

要求： 在工具架的旁边附上工具清单，并标明管理部门和责任人；每个都有对应标识。

实际案例

2.4.4 可悬类工具管理方法

应用对象

适用于带有可以悬挂的孔、钩、套索等的工器具类。

规范要求

标准类型：建议标准。

材料：悬挂架、挂钩、标签打印色带等。

规格：按照工器具形状和大小量身定做工器具类挂架。

要求：在工具架的旁边附上工具清单，每个都有对应标识；工具箱有标示牌，标明管理部门和责任人。

实际案例

2.4.5 工具车、工具箱

应用对象

工具车、工具箱。

规范要求

标准类别：建议标准。

材料：工具车 / 箱、定置架、标签打印色带等。

规格：根据使用工器具种类、使用频次、工器具形状和尺寸，量身定做工具车 / 箱。

要求：工具车 / 箱有定置图、管理部门和责任人，每个工具都有对应标识。

实际案例

2.4.6 工具墙管理方法

应用对象

使用频繁的工具。

规范要求

标准类型：建议标准。

材料：工具墙、钢板、挂钩等。

规格：根据使用工器具种类、使用频次、工器具形状和尺寸量身定做。

要求：工具墙有定置图、管理部门和责任人，每个工具都有对应标识。

实际案例

2.4.7 清扫工具管理方法

应用对象

各种清扫用扫把、拖布等。

规范要求

标准类型：建议标准。

材料：定置架、标签打印色带等。

规格：根据情况制作适合的清洁车、悬挂方式保管架。

要求：离地悬挂管理，潮湿的工具需要制作接水槽。

实际案例

2.4.8 砂轮片、碟形片类

应用对象

砂轮片、碟形片等各类孔形物品。

规范要求

标准类型：建议标准。

材料：定置架、标签打印色带等。

规格：支撑架的直径为物品孔径减去 5mm，支撑架长度以需要保管量裁定。

要求：底盘要固定，防止晃动，在定置架的旁边附上工具清单，并标明管理部门和责任人，每个都有对应标识。

示范图解

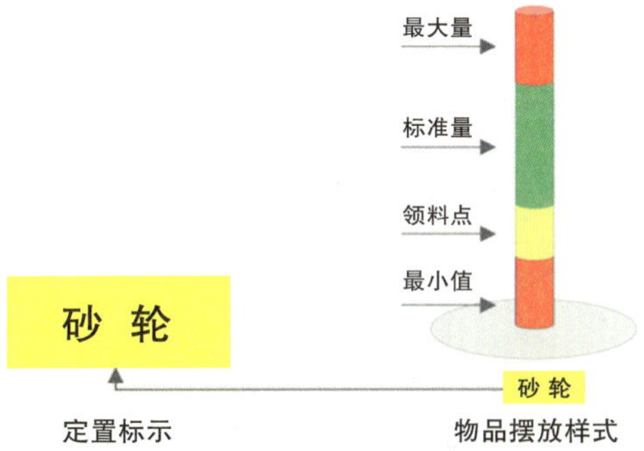

实际案例

2.4.9 绳索、电线类

应用对象

各种钢丝绳、搬运用链条、尼龙绳、麻绳等。

规范要求

标准类型：建议标准。

材料：定置架、标签打印色带等。

规格：吊挂管理，定置架、挂钩、标识大小和数量根据实际情况调整。

要求：在定置架的旁边附上工具清单，并标明管理部门和责任人，每个都有对应标识。

示范图解

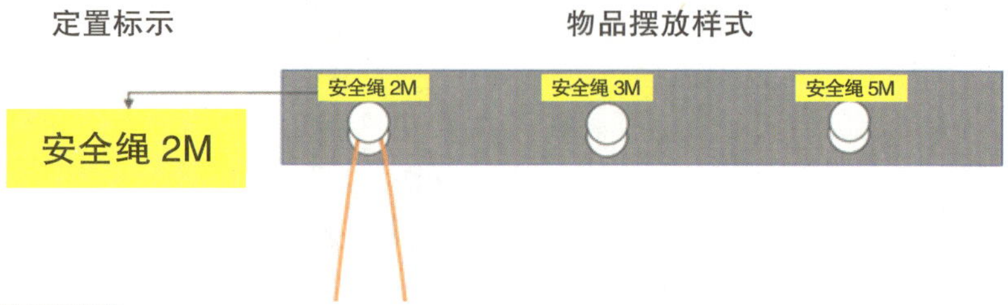

实际案例

2.4.10 胶管电缆类物品

应用对象

塑料水管、蛇形管、电缆、橡胶气管等。

规范要求

标准类别：建议标准。

材料：定置架、标签打印色带。

规格：转盘管理，制作一个合适的电缆转盘，盘能够转动，形状与大小根据实际情况制作，方便使用者使用。

内容：转盘上方有区域牌，标明物品名称、责任人；每种物品有名称、规格标识。

示范图解

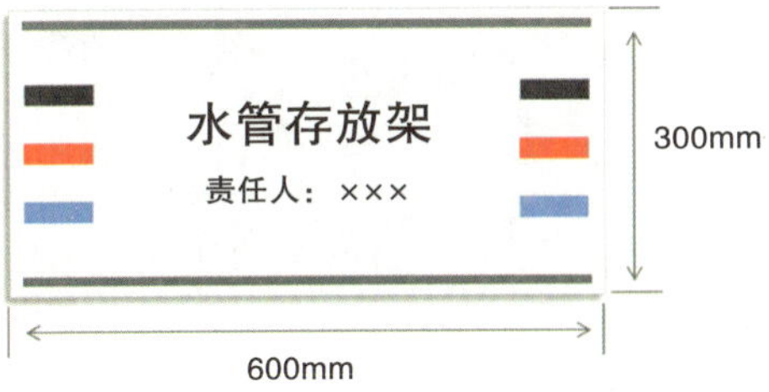

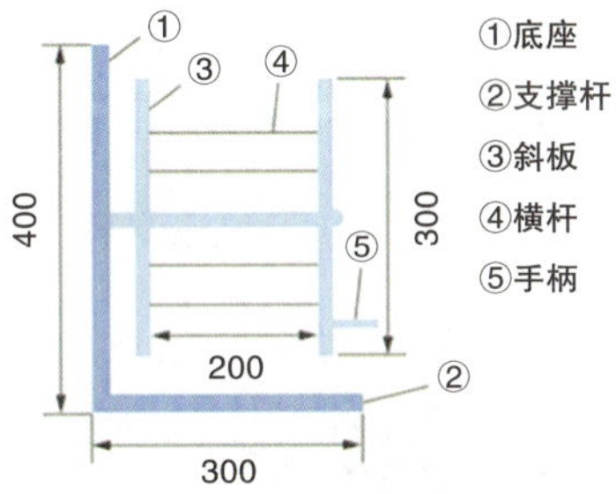

转盘

实际案例

2.4.11 安全帽

应用对象

安全帽。

规范要求

标准类型：建议标准。

材料：安全帽定置架、定置箱，黄色黑字色带。

规格：定置架 / 箱尺寸根据实际情况定制；标识用 24mm 黄色黑字色带。

要求：安全帽和定置架要有一一对应的标识。

实际案例

2.4.12 钥匙箱

应用对象

钥匙。

规范要求

标准类型：建议标准。

材料：钥匙箱、色带。

规格：根据实际情况调整。

要求：不同类别、不同区域的钥匙进行分类，并用不同颜色的标识进行目视化管理；钥匙箱与钥匙要有一一对应的标识，方便归位。

实际案例

2.4.13 工器具定置图

应用对象

工器具。

规范要求

标准类别： 建议标准。

材料： 亚克力。

规格： 600mm（长）× 300mm（宽）。

内容： 工器具相片、名称、责任人。

实际案例

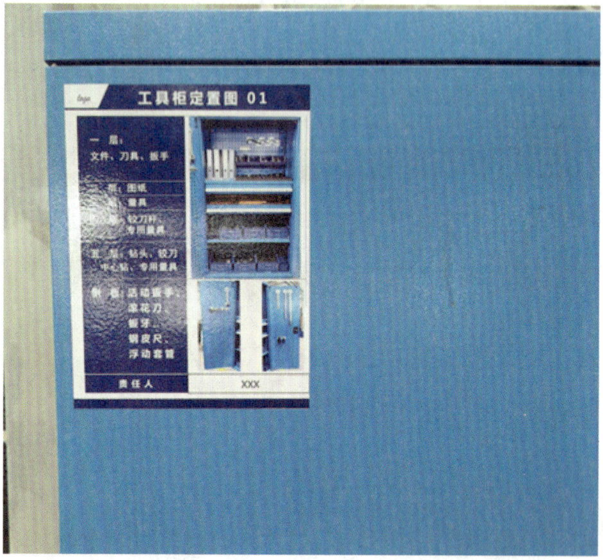

2.5 看板 7S 管理规范

2.5.1 企业文化看板

应用对象

企业文化。

规范要求

标准类别：建议标准。

材料：灯箱、拉网展架、亚克力板、写真喷绘。

规格：看板参考长宽为 2600mm（长）× 1300mm（宽），多块或组合可根据实际情况调整。

内容：企业简介，发展历程，企业核心文化、精神、经营理念，企业获得的认证、荣誉等。

实际案例

2.5.2 宣传标语看板

应用对象

办公楼和生产区域通道。

规范要求

标准类别：建议标准。

材料：灯箱、横幅、亚克力。

规格：可根据现场情况调整。

内容：活动标语、企业文化理念、安全口号等。

实际案例

2.5.3 知识型宣传看板

应用对象

办公室走廊、楼道、车间通道两侧。

规范要求

标准类别：建议标准。

材料：亚克力板、有机玻璃、PVC 等。

规格：看板参考长宽为 2600mm（长）×1300mm（宽），可根据实际情况调整。

内容：管理知识、理念、团队建设、职业素养、安全知识、7S 知识。

实际案例

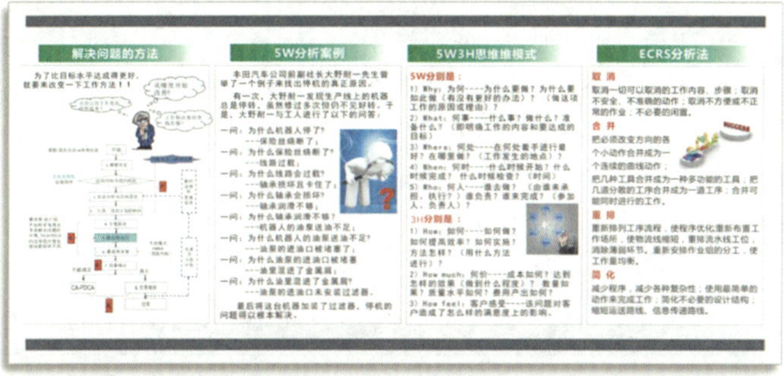

2.5.4 职能部门管理看板

应用对象

各部门。

规范要求

标准类别：建议标准。

材料：亚克力、多功能显示屏等。

规格：看板参考规格长宽为 2400mm（长）× 1200mm（宽）或 2600mm（长）× 1300mm（宽），可根据实际情况调整。

内容：管理理念、管理目标、工作计划、工作流程、部门荣誉、重点工作等，样式根据内容设计调整。

实际案例

2.5.5 安全管理看板

应用对象

安全文化宣传。

规范要求

标准类别：建议标准。

材料：亚克力、多功能显示屏。

规格：看板参考长宽为 2400mm（长）×1200mm（宽），可根据实际情况调整。

内容：多功能显示屏（显示安全目标、安全活动、安全疏散图、安全巡查标准……）、安全理念、安全知识、管理要点等。

示范图解

实际案例

2.5.6 设备管理看板

应用对象

设备管理看板。

规范要求

标准类别：建议标准。

材料：铝合金、PVC 写真喷绘、亚克力 UV。

规格：看板参考长宽为 2400mm（长）× 1200mm（宽），可根据实际情况调整。

内容：重要设备一览表、设备管理指标、保全计划、保全人员技能、巡检标准及记录、故障分析等。

示范图解

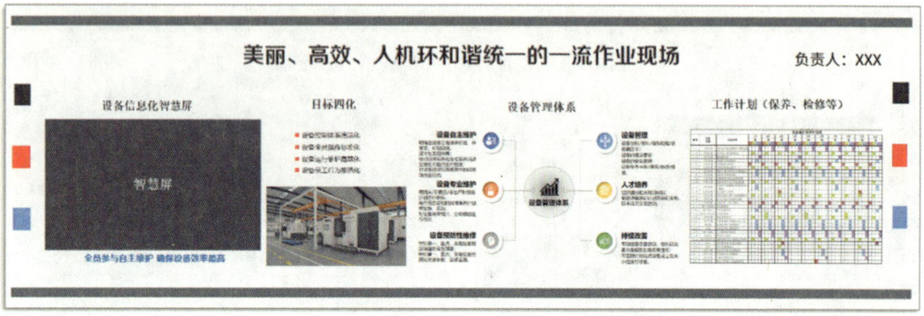

实际案例

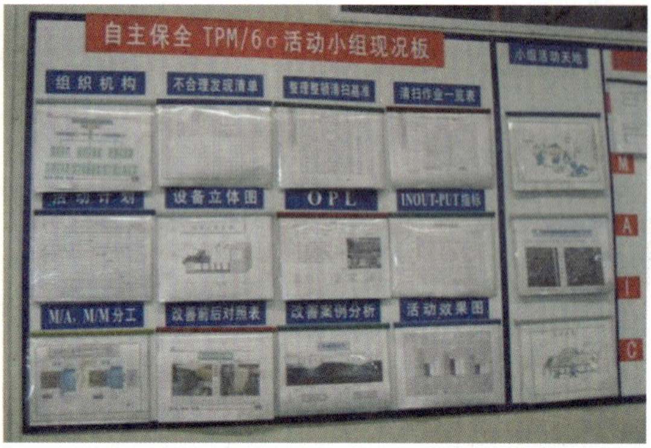

2.5.7　品质管理看板

应用对象

品质管理。

规范要求

标准类别： 建议标准。

材料： 铝合金、PVC 写真喷绘、亚克力 UV。

规格： 看板参考长宽为 2400mm（长）× 1200mm（宽），可根据实际情况调整。

内容： 质量方针、品质管理流程、质量指标、异常及反馈措施、品质检查标准等。

实际案例

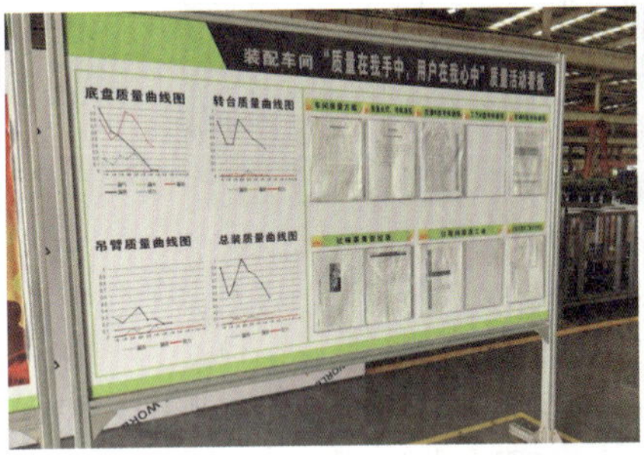

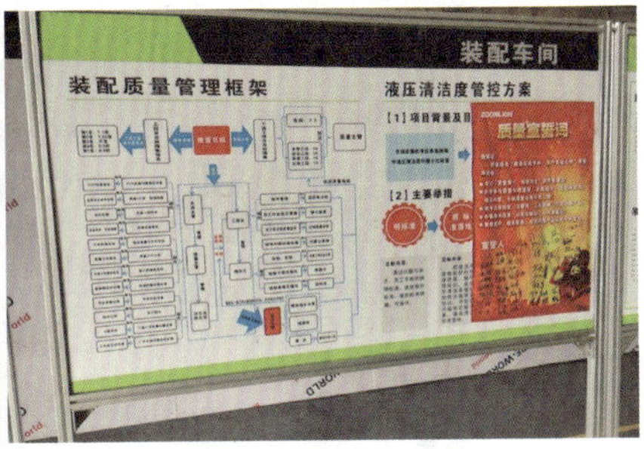

2.5.8 7S 推行看板

应用对象

7S 管理、项目管理。

规范要求

标准类别：强制标准。

材料：铝合金、PVC 写真喷绘、亚克力 UV。

规格：看板参考长宽为 2400mm（长）×1200mm（宽），可根据实际情况调整。

内容：项目推进情况、最新活动、7S 宣传资料、7S 组织架构、整改前后对比、清洁标准及点检表等。

实际案例

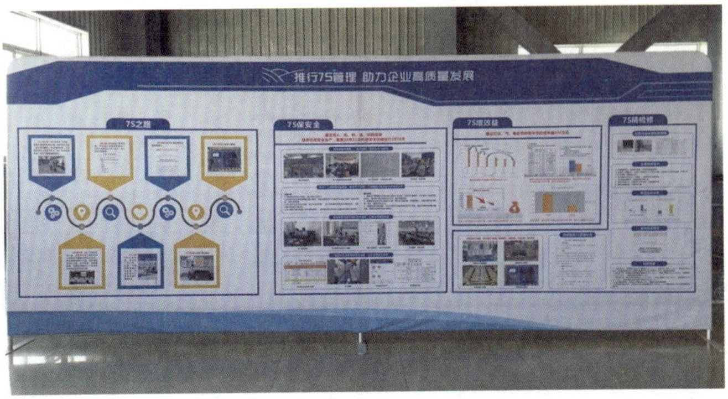

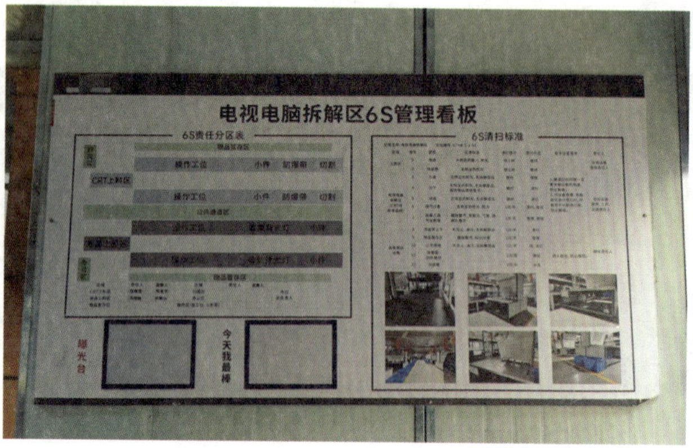

2.5.9 持续改善看板

应用对象

持续改善、精益文化。

规范要求

标准类别： 建议标准。

材料： 铝合金、PVC 写真喷绘、亚克力 UV。

规格： 看板参考长宽为 2400mm（长）×1200mm（宽），可根据实际情况调整。

内容： 改善提案评比、改善之星、优秀改善案例展示等。

示范图解

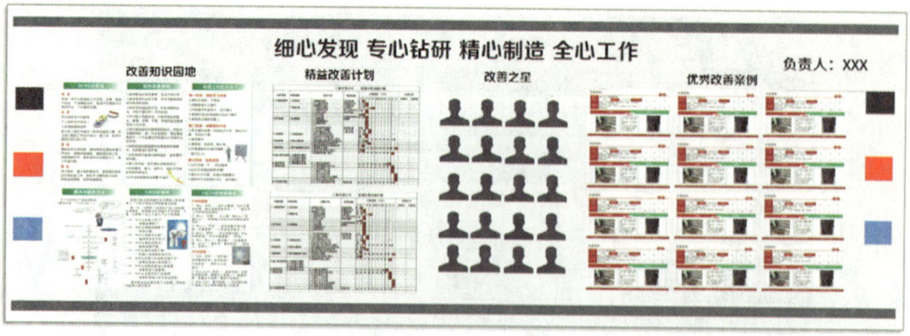

实际案例

2.5.10 部门文化看板

应用对象

厂区主通道、办公楼。

规范要求

标准类别：建议标准。

材料：PVC 写真喷绘、亚克力 UV。

规格：看板参考规格长宽为 2400mm（长）×1200mm（宽）或 3600mm（长）×1300mm（宽），可根据实际情况调整。

内容：员工活动、漫画书法摄影作品、“一家亲”、心情看板等，根据内容设计调整。

实际案例

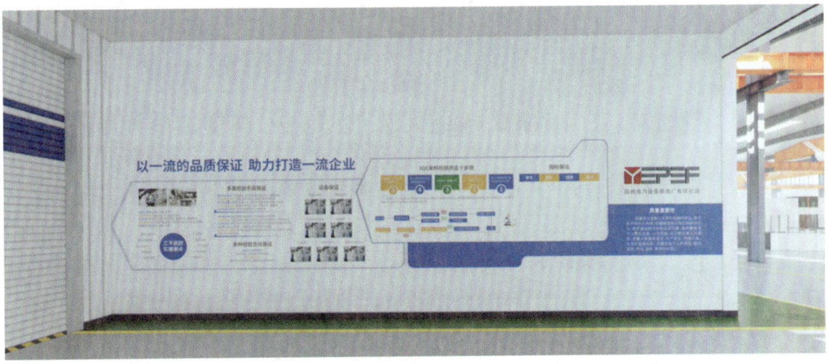

2.5.11　班组管理看板

应用对象

各班组。

规范要求

标准类别：建议标准。

材料：铝合金、磁性文件套，亚克力 UV。

规格：看板参考长宽为 3600mm（长）×1300mm（宽），可采用组合看板，根据实际情况调整。

内容：班组简介、班组人员、班组理念、安全管理、班组培训、通知、班组对标管理等。

实际案例

2.5.12 作业流程图看板

应用对象

业务流程、工艺流程、操作流程。

规范要求

标准类别： 建议标准。

材料： 铝合金、PVC 写真喷绘、亚克力 UV。

规格： 看板参考规格长宽为 600mm（长）×900mm（宽）或 2400mm（长）×1200mm（宽），可根据实际情况调整。

内容： 业务流程、工艺流程、操作流程。

实际案例

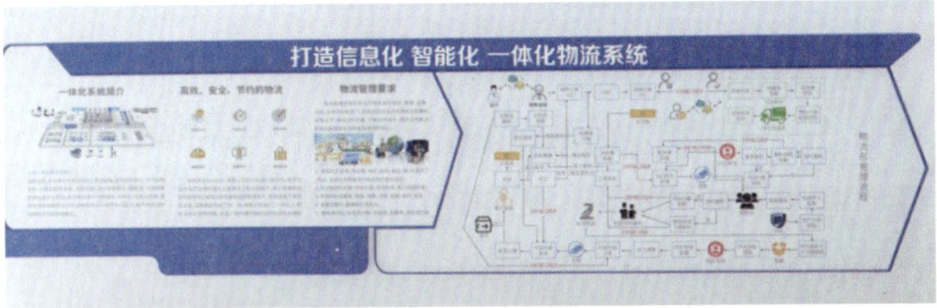

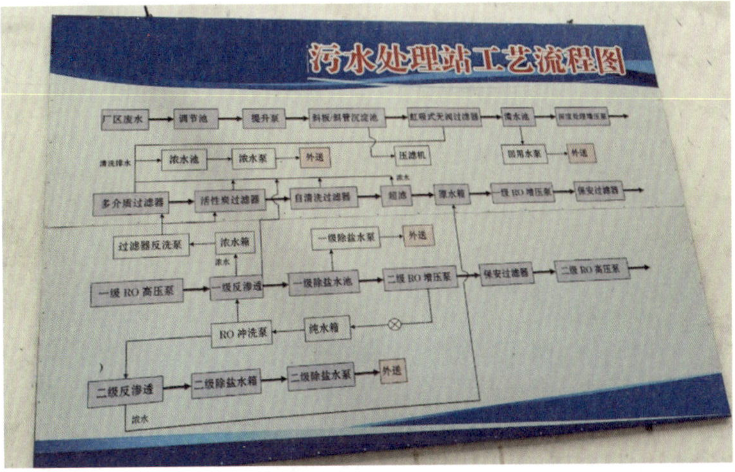

第三章

生产现场 7S 管理规范

CHAPTER 3

3.1 生产区域整体环境

应用对象

生产现场。

规范要求

标准类型：强制标准。

要求：（1）生产现场地面按照工程图纸要求规范敷设，保持洁净，无积水、无杂物。

（2）墙平整、整洁，无手印、污渍。

（3）设备基座整洁，无污渍，区域照明设施完好。

（4）设备外观完整，设备颜色符合规范标准。

（5）部件完好，无破损、变形。

（6）设备无跑、冒、滴、漏现象，表面无污损、油渍。

（7）设备名称标识清晰、齐全、准确。

实际案例

3.2 设备色彩规范

3.2.1 设备色彩管理规范（见表 3-1）

表 3-1 设备色彩管理规范

序号	项目	面漆颜色及卡号	标准色样	备注
1	设备机座	黄黑相间，瓷砖面不刷色		四角贴 / 刷黄黑相间线
2	观察口、吊耳、安全带吊点	黄色 Y07		观察口为巡检须关注的部位，吊耳、安全带吊点使用时能快速定位和警示
3	电机	苹果绿色 G01，出厂色		进口电机保持原色；有特殊管理的电机按相关标准
4	防护罩	大红色 R03		底色大红色，白色转向箭头
5	阀门手轮、手柄	海蓝色 / 大红色 R03		钢阀门海蓝色，铸铁阀门为大红色
6	阀门旋转方向或文字说明	白色		/
7	人孔门、转动部件	橘红色 GY09		人孔门和转动部件用橘红色，起警示作用
8	辅助支架（支撑柱、架）	橘红色 GY09		有碰撞隐患，不方便刷黄黑警示线的小支架
9	护栏	黄色 Y07		特殊区域，最上层栏杆可刷荧光漆

备注：以上标准是在国标、行标基础上细化，标准上没要求的项目或有冲突的地方，优先按国标、行标、地方标示和企业标准执行。

3.2.2 活动部件

应用对象

有安全隐患的活动部件。

规范要求

标准类型： 建议标准。

材料： 设备油漆。

规格： 颜色为黄色、橘红色。

要求： 整体刷漆。

实际案例

3.2.3 设备操作垫板

应用对象

皮带传送部位、链条传送部位、联轴器等旋转部位、其他可能发生危险的部位。

规范要求

标准类别： 强制标准。

材料： 橘红色油漆。

规格： 侧面刷橘红色。

内容： 表面清洁、没油污、不打滑。

实际案例

3.2.4 设备机座标示

应用对象

设备水泥机座、有安全隐患部位。

规范要求

标准类型： 强制标准。

材料： 中黄色、黑色、橘红色路面漆，黄黑色警示地胶带，黄黑色瓷砖。

规格： 水泥基座在四角刷 / 贴 100mm 宽黄黑色相间线，黄黑相间斜度 45°，宽度为 100mm 或 200mm。

示范图解

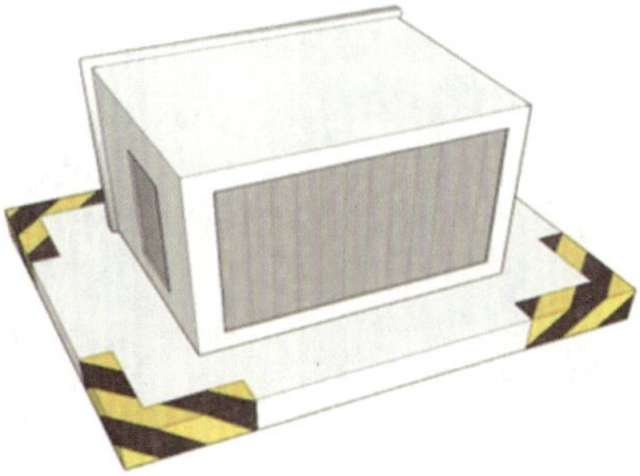

实际案例

3.2.5 吊耳、安全带吊点

应用对象

安全带吊点、设备吊点。

规范要求

标准类型：建议标准。

材料：油漆。

规格：颜色为中黄色 Y07。

要求：经常检修维护的设备或高空区域，设定固定安全带挂点和设备上的吊耳。

示范图解

实际案例

3.2.6 人孔门、检修孔标示

应用对象

人孔门、检修孔、活动部位。

规范要求

标准类型：强制标准。

材料：油漆。

规格：颜色为橘红色。

要求：整体刷漆，刷喷底漆 + 刷喷橘红色面漆 + 刷清漆（表面防护）。

实际案例

3.2.7 阀门手轮

应用对象

阀门手轮。

规范要求

标准类别：强制标准。

材料：大红色、白色醇酸磁漆。

规格：手轮为红色，字体、方向箭头为白色。

内容：整体刷红色，标识于手轮外环居中，可在手轮上标注常开、常闭状态。

实际案例

3.2.8 阀门标识方法

应用对象

设备阀门，根据阀门的类型选择不同颜色的标识。

规范要求

标准类别：强制标准。

材料：304 不锈钢拉丝工艺，内容烤漆。

规格：80mm（长）×70mm（宽），可根据实际情况调整。

字体：黑体。

内容：名称、KKS 编码、二维码、LOGO。

位置：横平竖直，立起来，面向巡检通道。

示范图解

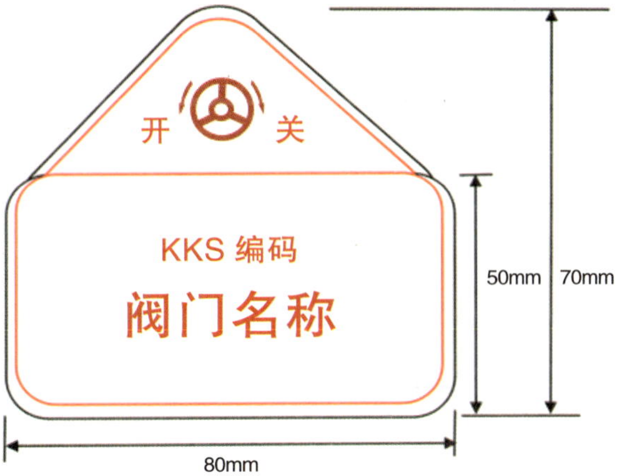

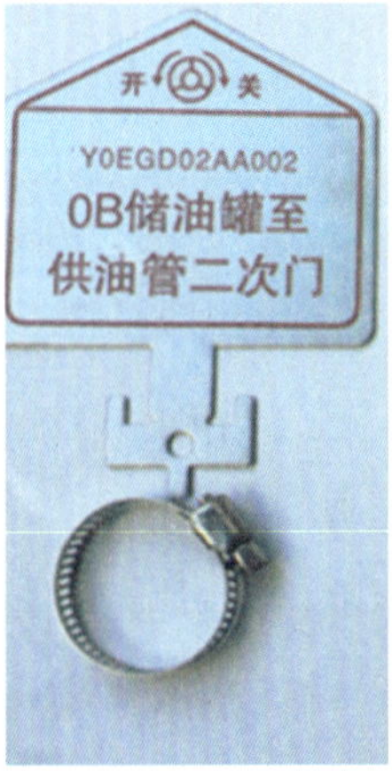

3.3 管道管理规范

3.3.1 管道标识组成因素

1. 基本识别色

（1）基本识别色：用于标识管内流体和状态。

（2）常用标识方法有：①涂刷在管路的全长上；②在管道上涂刷色环；③系挂识别色标牌标识。

2. 安全色

（1）安全色：用于标识管内流体的安全性。生活用水采用淡蓝色，消防专用采用大红色，其他危险物品采用黄黑斑马色（GB1360 所列的危险化学品）。

（2）常用标识方法有：①当管道全部涂刷基本识别色时，在基本识别色上涂刷宽 150mm 的安全色色环；②在两个各宽 150mm 的基本识别色色环之间，涂刷一个宽 150mm 的安全色色环。

3. 流体名称

流体名称的标识应由使用单位从以下两种方法中选择一种。

①全称，例如：二氧化碳；②化学符号或英文代号，凡气体须加↑表示，液体不加。例如：二氧化碳用 CO_2 ↑表示。

4. 流体流向

（1）文字和介质流向颜色是与管道色对比度大的醒目颜色。

（2）如果流体是双向流动的，涂刷双向箭头。

5. 注字的要求

（1）字体、化学符号、英文代号标注为保持美观一致，应制定模板后涂刷或喷漆。

（2）当识别符号直接涂刷在外径小于 Φ90mm 的管道上且不易识别时，可在所有需要识别的部位挂设标牌（矩形 250mm×100mm）。标牌上应标明流体名称并在一端标识流体流向，标牌的底色应用安全色。

（3）流体的其他识别符号，例如流体的压力、温度、浓度等，可由使用单位根据实际需要涂刷在注字部位附近，但不得与本标准的基本识别色色环的识别符号相混淆。

3.3.2 管道基本识别色（见表 3-2）

表 3-2 管道基本识别色

序号	介质名称	标准	面漆色号	色环	危险标识	参考样式（面漆、色环）
1	天然气、石油气及其他油气	/	Y07 中黄色	无	有	天然气 ➡
2	液化天然气、液化石油气、焦油	/	YR05 棕色	无	有	液化天然气 ➡
3	氢气	/	R05 橘红色	无	有	氢气 ➡
4	氧气	国标	PB06 淡蓝色	无	有	氧气 ➡
5	低压空气（绝对压力≤275KPa）	国标	B03 淡灰色	无	/	低压空气 ➡
6	压缩空气（绝对压力＞275KPa）	国标	B03 淡灰色	无	有	压缩空气 ➡
7	氮气、保护性气体	国标	Y07 中黄色	无	有	氮气 ➡
8	氨气、液氨、酸气	/	Y07 中黄色	无	有	氨气 ➡
9	氨分解、硫回收	/	Y07 中黄色	无	有	硫回收 ➡

续表

序号	介质名称	标准	面漆色号	色环	危险标识	参考样式（面漆、色环）
10	蒸汽	国标	R03 大红色	保温外包层用彩涂板	/	加压塔蒸汽
11	烟气、烟道气、二氧化碳及一般排气	/	Y07 中黄色	无	/	烟气
12	消防用泡沫	/	R03 大红色	无	/	消防用泡沫
13	工业给水、过滤水、高压水、制冷水、生活水	国标	G03 艳绿色	无	/	××过滤水
14	软水、除盐水、凝结水、锅炉给水、热水、循环水	/	G03 艳绿色	无	/	循环氨水
15	消防用水	/	R03 大红色	无	/	消防用水
16	循环氨水、高压氨水、剩余氨水、原料氨水	/	黑色	无	/	循环氨水
17	各种易燃液体（闪点≤ 60℃）	国标	YR05 棕色	无	有	液体××
18	各种可燃液体（闪点＞ 60℃）	国标	YR05 棕色	无	/	液体××
19	酸、碱	国标	P02 紫色	无	有	×××
20	除尘专用管道、采暖专用管道	/	银粉漆	无	/	除尘
21	设备润滑油、洗油	/	Y05 柠黄色	无	/	润滑油
22	洗油管道	/	YR05 棕色	无	有	液体××
23	埋地管道	/	黑色	无	/	

备注：（1）通风管道（塑料管除外）统一刷银粉漆。

（2）对于不锈钢管、镀锌管、玻璃管、塑料管以及保温外用铅皮防护时，均不涂色。

（3）室外地沟的管道不涂色，但在阴井内接头处应按介质进行涂色。

（4）当管道全部涂刷识别色时，取消识别色环。

3.3.3 管道标注要求（整管着色）

应用对象

可整体涂刷油漆的管道。

规范要求

标准类型： 强制标准。

规格： （1）标注规格如下。

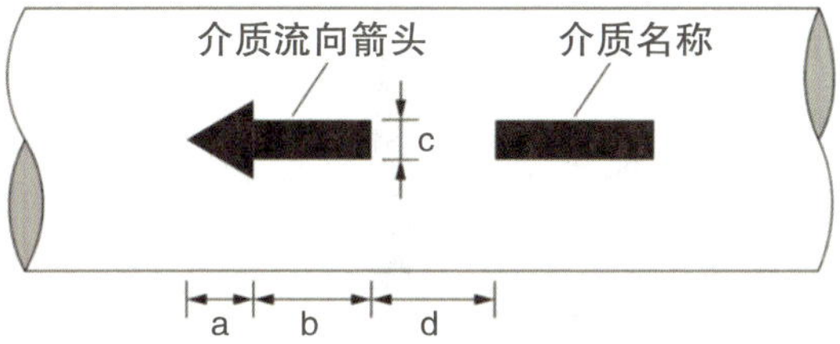

（2）介质名称和介质流向标识制作参数表，如表 3-3 所示。

表 3-3　介质名称和介质流向标识参数表

单位：mm

保温层外径或管道外径	a	b	c	d
≤ 100	40	60	30	100
101~200	60	90	45	100
201~300	80	120	60	150
301~400	100	150	75	150
401~500	120	180	90	150
501 以上	200	300	150	250

示范图解

3.3.4 管道标注要求（色环标注）

应用对象

难以整根着色的管道。

规范要求

标准类型：强制标准。

规格：（1）标注规格如下。

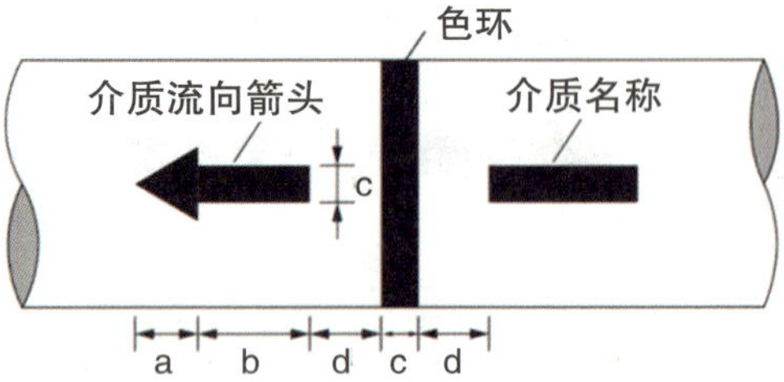

（2）色环、介质名称和介质流向标识制作参数表，如表 3–4 所示。

表 3–4　色环、介质名称和介质流向标识参数表

单位：mm

保温层外径或管道外径	a	b	c	d	e
≤ 100	40	60	30	100	60
101~200	60	90	45	100	80
201~300	80	120	60	150	100
301~400	100	150	75	150	120
401~500	120	180	90	150	150
501 以上	200	300	150	200	250

示范图解

3.3.5 管道标注要求（标牌标注）

应用对象

外径小于 76mm 的管道，直接涂刷介质名称及介质流向标识不易识别的管道。

规范要求

标准类别：建议标准。

材料：铝合金烤漆或丝印、亚克力。

规格：尺寸根据管道实际尺寸设置，最小尺寸应以能清楚观察识别色来确定，标牌及介质名称颜色参考《管道基本识别色》标准。

要求：介质名称标牌尖角指向介质流向。

示范图解

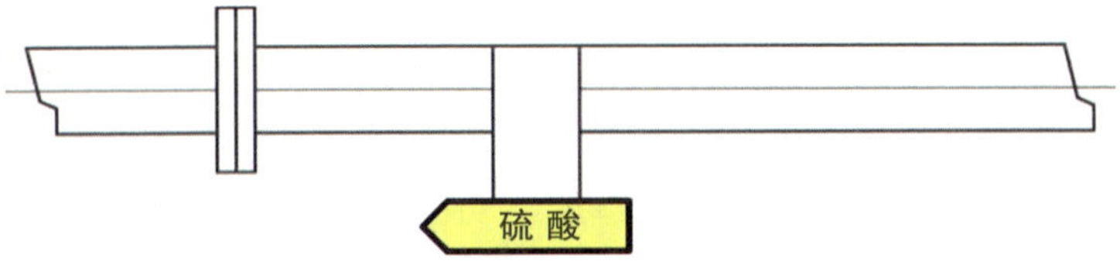

3.3.6 管道标注要求（危险标识）

应用对象

管道内的物质属于 GB13690 所列的危险化学品。

规范要求

标准类别：强制标准。

材料：红色、黄色油漆。

规格：红色为高毒物品，专业人员须佩戴相应防护用具；黄色为一般有毒物品，须佩戴适当的防护用具，出入此区域的人员必须进行洗消处理。

要求：在管道上涂 150mm 宽的黄色色环，在黄色两侧各涂 25mm 宽黑色色环或色带，安全色范围应符合 GB2893 的规定。

示范图解

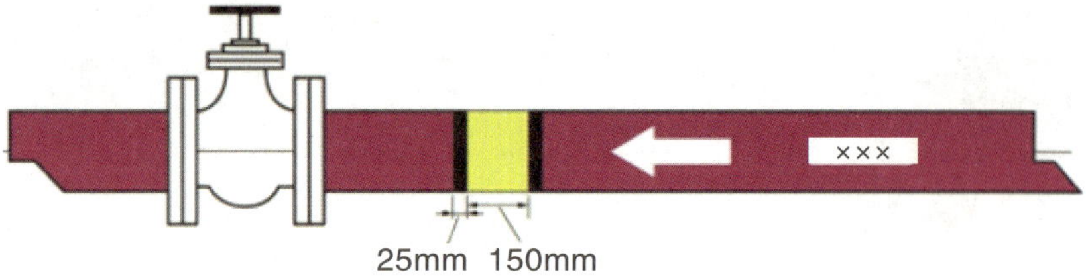

3.3.7 管道介质名称及流向标注

应用对象

管道。

规范要求

标准类别：强制标准。

要求：（1）标注介质名称 + 介质流向箭头。管道为深颜色用白色箭头，管道为浅颜色用黑色箭头，要保证颜色对比明显，文字说明部分与介质流向着色一致；在管道的介质流向有两种可能时，应标出两个方向的指示箭头；需要时，可在管道上标注压力。

（2）管道弯头、穿墙处及管道密集、难以辨认的部位，应涂刷介质名称及流向箭头。

（3）管道长度超过 10m 时，宜每隔 10m 标注一处介质名称及介质流向。

（4）介质流向标注位置为管道正面明显处，管道密集处保证高度相同。

（5）介质流向应标注在管道弯头、穿墙处及管道密集、难以辨别的部位，其位置应在距弯头至少 5m 的直管段上。

（6）两个弯头相距不够 10m 时应选择中间位置。

示范图解

双向箭头标注示例

管道穿墙示例

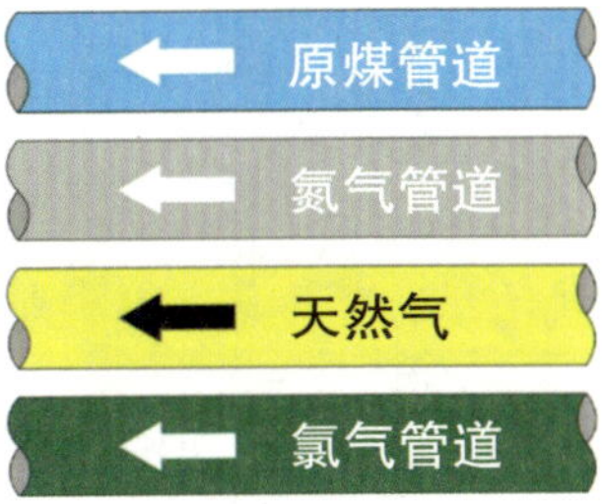

密集管道示例

管道标注压力示例

超 10m 长度管道示例

3.4 设备点检规范

3.4.1 设备信息看板

应用对象

设备。

规范要求

标准类别：建议标准。

材料：亚克力。

规格：看板参考长宽为 550mm（长）×750mm（宽），可根据实际情况调整。

内容：设备参数、责任人、点检标准、点检表、安全注意事项等。

实际案例

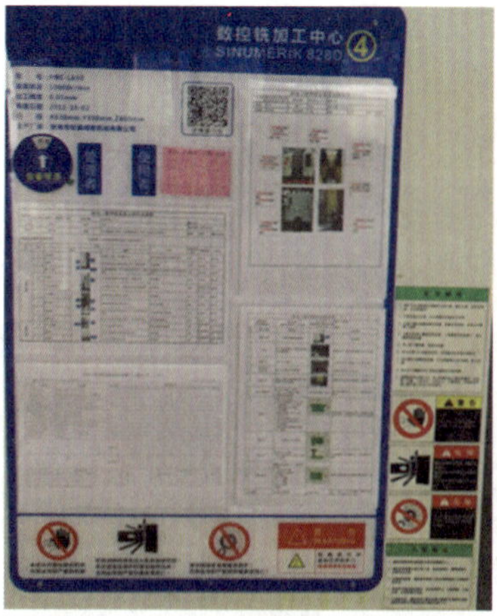

3.4.2 设备点检指导书

应用对象

设备。

规范要求

标准类别： 建议标准。

材料： A3、A4 纸打印，亚克力 UV。

规格： 297mm（长）×210mm（宽）、420mm（长）×297mm（宽），或根据实际情况调整。

内容： 作业步骤、作业内容、作业标准、注意事项；贴于墙上、设备上，或立于岗位旁，明确设备点检位置并编号，点检部位粘贴点检标识，建立点检标准、方法及周期；放于设备信息看板，或立于岗位旁。

示范图解

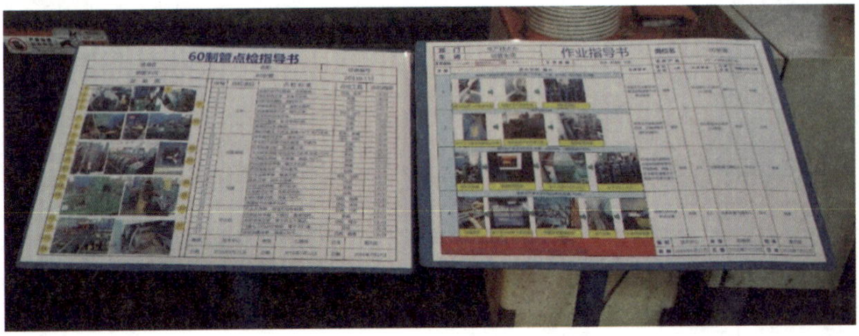

3.4.3 设备点检表

应用对象

设备。

规范要求

标准类别：建议标准。

材料：A3、A4 纸打印。

规格：297mm（长）×210mm（宽）、420mm（长）×297mm（宽），或根据实际情况调整。

内容：点检项目、点检标准、点检工具、点检周期、点检日期、点检记录、点检人签字、主管签字等。

实际案例

XXXX 年 XX 月

设 备 点 检 记 录 表

文件管理No：XXX-XXX-001

名称：	铁床	型号：	XXXX	车间：	XXXX	责任人：	XXX	主任核准	设备员审查	领班报送
说明	①点检须在每日上班后10分钟内实施；②每周点检项目须在每周一实施点检；③每月点检须在每月第1日实施点检；④如遇点检日休假，后延至休假后的第一个工作日实施点检；⑤合格项在相应栏内画“√”，不合格先画“○”，待整改后画“●”；⑥每月第2日前将上月表收集报送主管							XXX	XXX	XXX

No.	点检项目		点检工具	周期	日期																														
					1	2	3	4	5	6	7	8	9	10	11	12	13	14	15	16	17	18	19	20	21	22	23	24	25	26	27	28	29	30	31
1	检查上一班内容	设备周围区域卫生	扫帚、拖把	1次/班																															
2		工件放置	目视	1次/班																															
3		工具放置	目视	1次/班																															
4		清洁——床身表面、分度头	抹布、目视	1次/班																															
5		——导轨	抹布、目视	1次/班																															
6		——其他粗糙面	毛刷、目视	1次/班																															
7	班前加电前	加注润滑油——导轨、工作台	油枪	1次/班																															
8		——立铣头、分度	油枪	1次/班																															
9		——顶尘、中心架	油枪	1次/班																															
10		开机前，主油箱油窗外油位	目视	1次/班																															
11	班前加电后	机床滑枕上的油窗油位	目视	1次/班																															
12		各操作手柄、操控按钮	目视	1次/班																															
13		主轴制动器制动可靠性	手动	1次/班																															
14		滑枕、工作台运行状态	听觉	1次/班																															
15		手动泵油以润滑导轨	目视	1次/班																															
16		低速试运转主轴	听觉	1次/班																															
17		主轴正反转	听觉	1次/班																															
18		急停按钮	手动	1次/班																															
19		冷却系统	目视	1次/班																															
20		电器、照明系统	手动、目视	1次/班																															
点检者点检后签字																																			
班长每日检查后确认签字（关注点：是否实施点检及填表，表上判定是否与实际相符）																																			
流程：操作者每日点检→班组每日检查确认→设备员、主任每周2次抽查审查→月度上交设备元审查→主任核准→设备员保管（保管期限：1年）																																			

3.4.4 重点作业指导看板

应用对象

重点工序、工作流程。

规范要求

标准类别：建议标准。

材料：PVC写真喷绘。

规格：1200mm（长）×900mm（宽），或根据实际情况调整。

内容：作业步骤（图片+文字描述）、注意事项。

实际案例

3.4.5 点检位置目视化

应用对象

设备点检位置。

规范要求

标准类别：建议标准。

材料：标签打印机色带、广告贴纸。

规格：圆圈外直径20mm，内圈直径10mm，参数标示50mm（长）×12mm（宽），可根据实际情况调整。

内容：检查项目名称、参数、编号、目视化图形等。

实际案例

3.4.6 指针式表计目视化

应用对象

压力表、温度计、液位计等限制位标识。

规范要求

标准类别： 建议标准。

材料： PVC 反光膜，背胶。

规格： 色环宽 2mm~3mm，保证色环不遮挡刻度数值。

要求： 绿色表示正常，黄色表示警告，红色表示故障；保持表计外观整洁，读数刻度清晰，无积灰、污渍；合格证张贴在调零处，不能遮挡量程或读数且在有效期内。

位置： 色环线不要遮挡刻度。

实际案例

3.4.7 刻度式表计目视化

应用对象

压力表、温度计、液位计等。

规范要求

标准类别：建议标准。

材料：PVC 反光膜，背胶。

规格：色带线宽 5mm~10mm，可根据实际情况调整。

要求：绿色表示正常，黄色表示警告，红色表示故障；保持表计外观整洁，读数刻度清晰，无积灰、污渍；色带贴于表面清晰可见处，无遮挡物。

位置：色环线不要遮挡刻度。

实际案例

3.4.8 点检项目参数目视化

应用对象

重点作业、点检点。

规范要求

标准类别： 建议标准。

材料： 标签打印机色带。

规格： 根据实际情况调整。

内容： 作业点重点、注意事项等。

实际案例

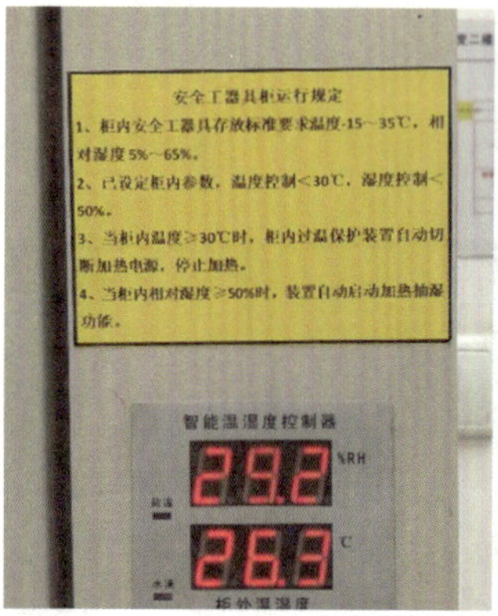

3.4.9 关键紧固件

应用对象

风机、马达、泵等旋转振动体等须定期点检的螺母（地脚螺钉）、螺栓的旋转部位。

规范要求

标准类别：建议标准。

材料：红色、白色油漆，或油漆笔。

规格：标识线的宽度一般为2mm~3mm，具体宽度根据螺栓、螺母大小调整。

内容：锁紧螺栓、螺母至紧固状态。

示范图解

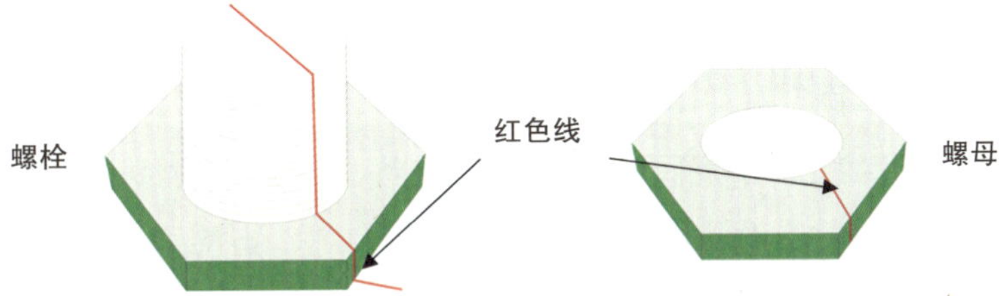

实际案例

3.5 普通加工设备规范

应用对象

普通车床、铣床、磨床、镗床、钻床。

规范要求

标准类型： 强制标准。

要求： （1）整体环境：地面干净，无积水、无杂物，物品定位摆放；墙面整洁，无手印、脚印、油污；设备、物料、工具车要横平竖直。

（2）地面画线：设置通道线、物品定位线。

（3）作业指导可视化：点检基准、点检表、点检位置、仪器仪表目视化等。

（4）设备可视化：主体色为原色；阀门手轮应刷成红色，开、关方向为白色标识；转动机械外壳护罩为大红色，用白色箭头标明转动方向；有碰撞隐患部位用黄黑色警示，在显眼位置贴有安全警示标识。

实际案例

3.6 加工中心规范

应用对象

加工中心。

规范要求

标准类型：强制标准。

要求：（1）整体环境：地面干净，无积水、无杂物，物品定位摆放；墙面整洁，无手印、脚印、油污；设备、物料、工具车要横平竖直。

（2）地面画线：设置通道线、物品定位线。

（3）作业指导可视化：点检基准、点检表、点检位置、仪器仪表目视化等。

（4）设备可视化：主体色为原色；阀门手轮应刷成红色，开、关方向为白色标识；转动机械外壳护罩为大红色，用白色箭头标明转动方向；有碰撞隐患部位用黄黑色警示，在显眼位置贴有安全警示标识；油箱本体及管道均刷黄色油漆，液位目视化管理。

实际案例

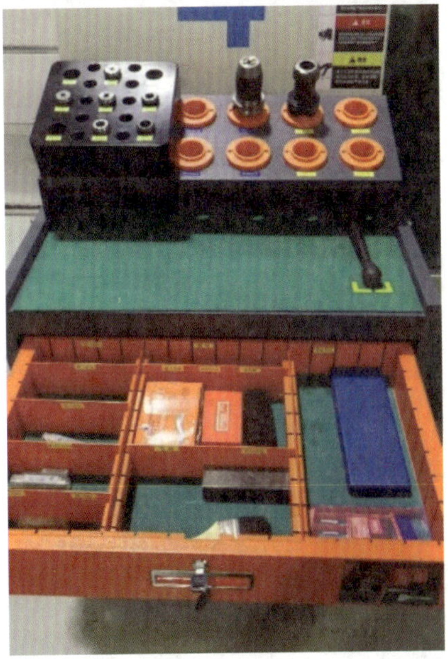

3.7 焊接区域规范

应用对象

焊接区域。

规范要求

标准类型：强制标准。

要求：（1）整体环境：地面干净，无积水、无杂物，物品定位摆放；墙面整洁，无手印、脚印、油污；设备、物料、工具车要横平竖直。

（2）地面画线：设置通道线、物品定位线。

（3）作业指导可视化：点检基准、点检表等。

（4）设备可视化：主体色为原色；有碰撞隐患部位用黄黑色警示，在显眼位置贴有安全警示标识。

实际案例

3.8 班组园地规范

应用对象

班组园地。

规范要求

标准类型：强制标准。

要 求：（1）整体环境：地面干净，无积水、无杂物，物品定位摆放；墙面整洁，无手印、脚印、油污；台椅、盆栽、看板等横平竖直。

（2）地面画线：设置通道线、物品定位线。

（3）信息可视化：班组看板、质量看板、安全看板等。

实际案例

第四章

行政办公区域 7S 管理规范

CHAPTER 4

4.1 公共区域

4.1.1 公共环境整体

应用对象

厂区。

规范要求

标准类别：强制标准。

要求：（1）整体：户外区域合理配置、整洁有序，园区各建筑物色调协调统一，主要建筑物应有企业 VI 标识。

（2）通道：路面清洁无杂物，无积水，道路畅通；地面有指引箭头、车道划分线，障碍物有防撞线；采用大理石路肩，转角处用黄黑色相间防撞线。

（3）汽车库位：停车区设置停车指示牌；有指引箭头、车道划分线，障碍物有防撞线；车库大门门框有区域名称标牌、指引标识、限速标识、限高和禁止标识等。

（4）户外垃圾桶：垃圾桶应分类、编号、定置摆放、标识清晰。垃圾桶表面干净、无褪色、无破损，周围无杂物。垃圾桶上印有公司名称标识，应为环保垃圾桶，有垃圾分类标识。

实际案例

4.1.2　道路地面画线

应用对象

厂区及其外围的道路、停车场。

规范要求

标准类别：强制标准。

材料：白色、黄色路标漆。

规格：车道线与人行道线宽 150mm；人行横道线长≥ 3500mm，线宽 400mm，间距为 600mm，具体参考道路画线标准，并结合道路实际情况调整。

内容：马路分道线、人行道线、导引箭头、黄黑警示线。

示范图解

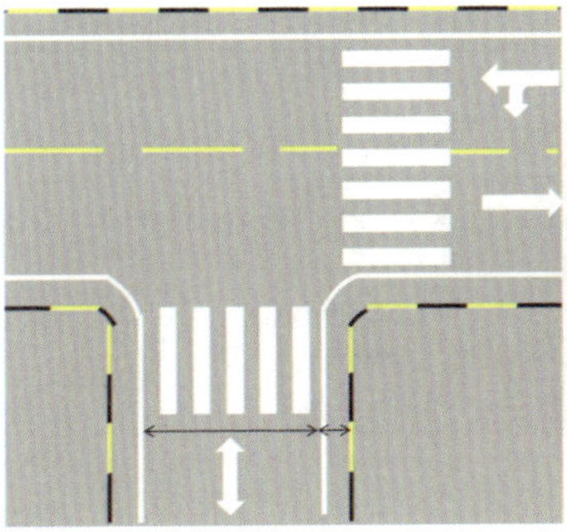

实际案例

4.1.3 停车场标识

应用对象

停车场。

规范要求

标准类别： 强制标准。

材料： 白色、黄色热熔漆。

规格： 小车位长 5000mm、宽 2200mm~2500mm，线宽 120mm；其他类型车位根据车辆尺寸调整。

内容： 车位编号、导车箭头、车轮定位器、停车场标识牌。

示范图解

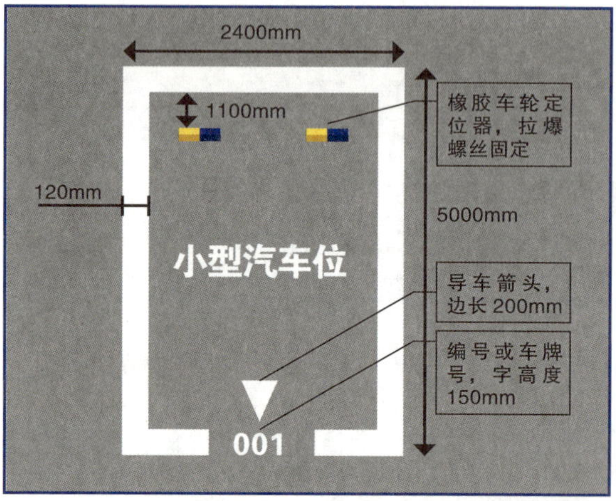

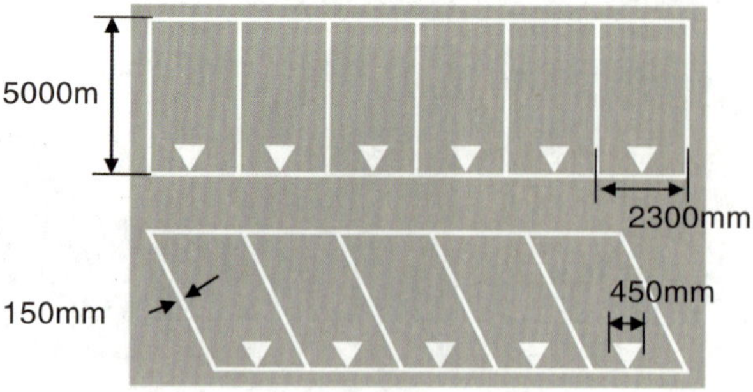

实际案例

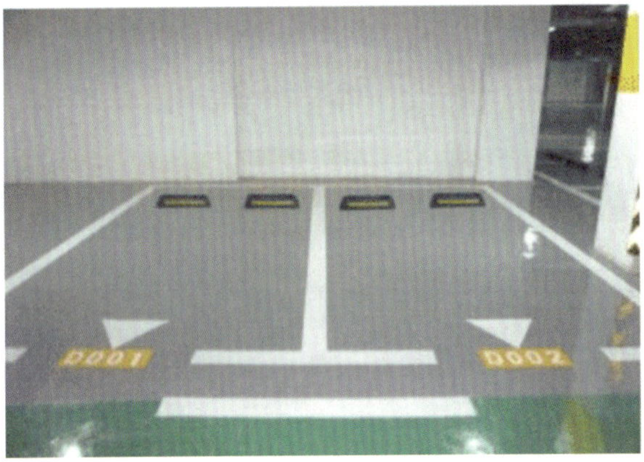

4.1.4 摩托车和非机动车库位标识

应用对象

摩托车、电动车、自行车。

规范要求

标准类别： 强制标准。

材料： 白色、黄色热熔漆，车棚架。

规格： 结合实际情况调整。

要求： 悬挂标识牌，将自行车、摩托车、电动车分类定置，电动车应设立充电电源插座。

示范图解

实际案例

4.1.5 路肩石警示线

应用对象

有碰撞隐患的地方，如转弯处的路肩石。

规范要求

标准类别： 建议标准。

材料： 黄色油漆为普通或反光油漆，黑色油漆为普通油漆。

规格： 黄黑色间距为 600mm，根据现场实际情况调整。

内容： 黄黑色相间。

示范图解

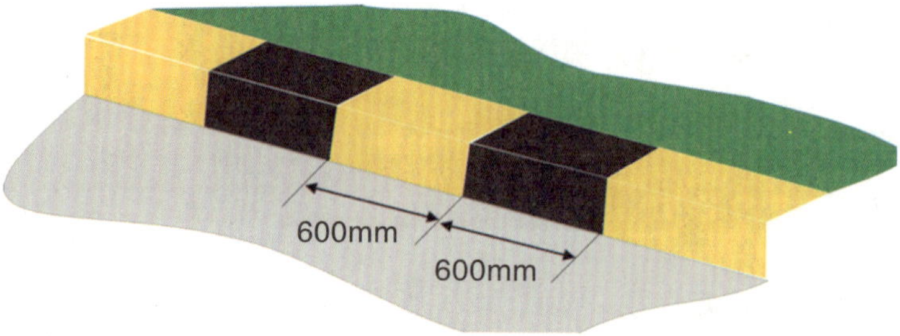

实际案例

4.1.6 井盖设施标识

应用对象

消防井盖、供水井盖、电缆井盖、污水井盖等。

规范要求

标准类别： 建议标准。

材料： 黄色油漆。

规格： 边缘起 50mm 画黄色警示线，字体为黑体。

要求： 字样和编号底色为：自来水井盖（Y-001）—> 绿色；消防井盖（X-001）—> 大红色；污水井盖（W-001）—> 黑色；工业水井盖（G-001）—> 黑色；阀门井盖（F-001）—> 白色；电缆井盖（D-001）—> 白色。

示范图解

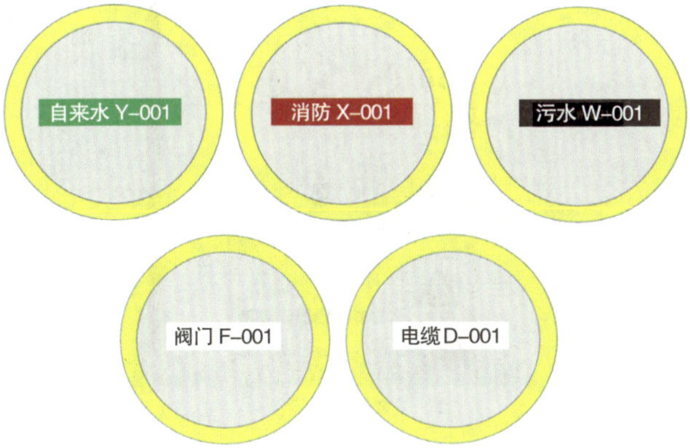

4.1.7 安全提示看板

应用对象

厂区、生产区域。

规范要求

标准类别： 强制标准。

材料： 不锈钢烤漆，内容丝印。

规格： 800mm（长）×2000mm（宽），可根据区域情况调整大小。

内容： 注意事例、警示标识、区域示意图、去向指引等。

示范图解

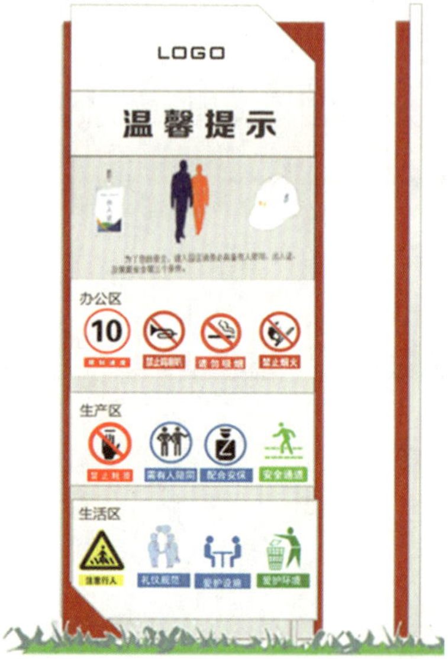

4.1.8 综合指引牌

应用对象

厂区入口、有分支的路口。

规范要求

标准类别：建议标准。

材料：不锈钢烤漆，内容丝印。

规格：800mm（长）×2000mm（宽）×60mm（厚），可根据区域情况调整。

内容：去向指引、区域示意图、疏散指引、警示标识、方向指引。

实际案例

4.1.9 指向路标

应用对象

有分支的路口。

规范要求

标准类别：建议标准。

材料：不锈钢立架，不锈钢烤漆，内容丝印。

规格：根据实际情况调整大小。

内容：指向箭头、名称、方向。

示范图解

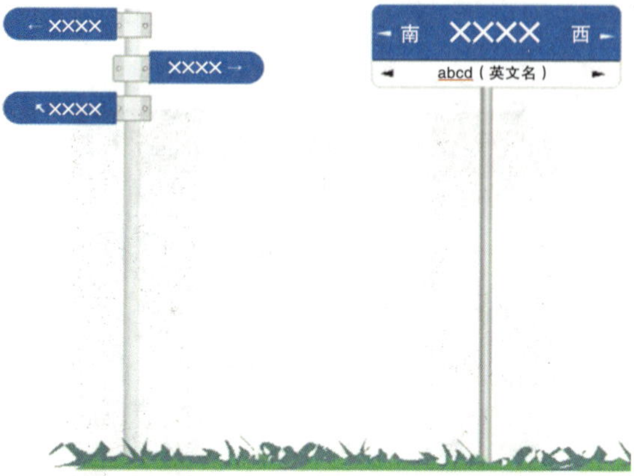

4.1.10 路灯广告旗

应用对象

路灯广告旗。

规范要求

标准类别：建议标准。

材料：铝合金 + 防水、防紫外线喷绘写真。

规格：500mm（长）× 1200mm（宽）。

内容：企业 LOGO、宣传标语。

实际案例

4.1.11 楼层总指示牌

应用对象

办公楼。

规范要求

标准类别：建议标准。

材料：铝合金烤漆或丝印，内容可更换。

规格：根据现场实际情况调整。

内容：LOGO、部门名称、楼层号、楼层用途标识或名称。

示范图解

楼层总索引			
6F	×××	×××	×××
5F	×××	×××	×××
4F	×××	×××	×××
3F	×××	×××	×××
2F	×××	×××	×××
1F	×××	×××	

实际案例

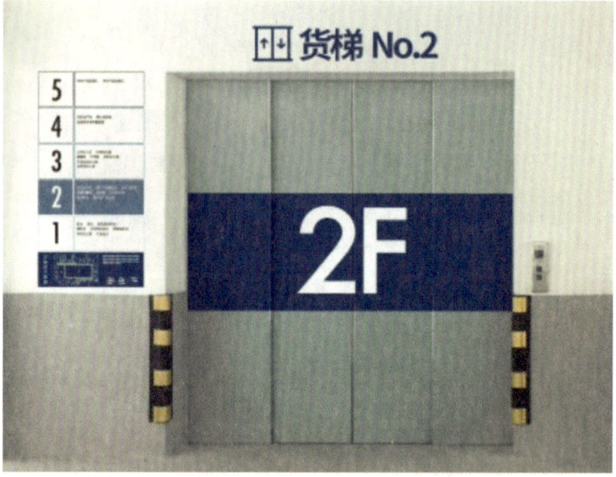

4.1.12　各层办公室指示牌

应用对象

各楼层。

规范要求

标准类别： 建议标准。

材料： 铝合金烤漆丝印、亚克力。

规格： 50mm（长）×700mm（宽），根据现场实际情况调整。

内容： LOGO、部门名称、房间编号、房间名称，可与消防疏散图结合。

示范图解

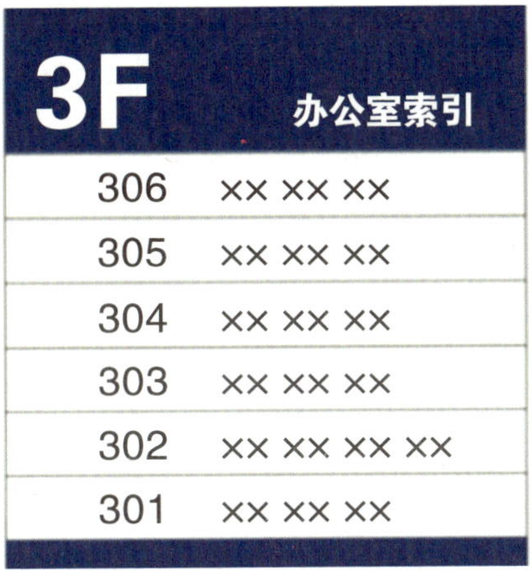

实际案例

4.1.13　楼层标志

应用对象

楼梯。

规范要求

标准类别： 建议标准。

材料： 亚克力。

规格： 450mm（长）×300mm（宽），根据现场实际情况调整。

内容： 由楼层号、公司 LOGO 组成。

示范图解

4.1.14 门牌

应用对象

办公室等。

规范要求

标准类别： 建议标准。

材料： 铝合金，丝网印刷或烤漆。

规格： 160mm（长）×316mm（宽）、140mm（长）×276mm（宽），可统一尺寸。

内容： 由部门、名称、房间号、集团或公司 LOGO 组成；安装于门口左边，特殊情况装于门口右边或中上方，高度统一。

示范图解

实际案例

4.1.15 玻璃门防撞标识

应用对象

玻璃门、玻璃墙。

规范要求

标准类别：强制标准。

材料：背胶户外写真、磨砂广告贴纸。

规格：高 110mm，根据实际情况调整。

内容：LOGO+ 企业名称，贴于玻璃门中间，或防撞条下沿距离地面 1200mm。

示范图解

实际案例

4.1.16 门开关标识

应用对象

推拉门。

规范要求

标准类别： 强制标准。

材料： 亚克力。

规格： 参考长宽 110mm（长）×110mm（宽），根据实际情况统一调整；标识下沿距离地面高度约 1100mm。

内容： 中文 + 英文。

示范图解

实际案例

4.1.17 户外垃圾桶

应用对象

户外垃圾桶。

规范要求

标准类别：建议标准。

材料：塑料、不锈钢、环保材料等。

规格：根据区域情况调整大小。

内容：垃圾分类标识、隐形定位。

实际案例

4.2 办公室

4.2.1 办公室整体环境

应用对象

所有办公室。

规范要求

标准类型：强制标准。

要求：（1）办公室设施、办公台、文件柜等布局合理，设置物品摆放定置管理图并标注物品责任人。

（2）卫生整洁，通风、照明达到要求，无灰尘、碎屑、纸屑等杂物。

（3）办公室内物品整齐、有序，按平行、直角放置。

（4）墙角、地板、电脑、空调、墙壁、天花板、排气扇、办公用品等要定期维护，保持干净。

（5）文件资料分类定置存放，标识清楚，便于检索，需要的文件、资料能在 10 秒钟之内找到。

（6）桌面及抽屉内物品保持正常办公的最低限量；除每日必需品外，其他物品不应存放在办公台上。

实际案例

4.2.2 办公桌

应用对象

各办公室办公桌。

规范要求

标准类型： 建议标准。

要 求：（1）办公桌桌面隔板整洁、无杂物，根据功能要求只允许摆放必需品。

（2）办公桌上物品应定置摆放并采用隐形定位。

实际案例

4.2.3 区域定置图

应用对象

所有区域。

规范要求

标准类别：强制标准。

材料：铝合金或亚克力卡槽、PVC、A3（A4）纸张彩印塑封。

规格：420mm（长）×297mm（宽），根据实际情况调整。

内容：区域定置图，办公家具、设备位置和配置数量，7S 负责人等。

实际案例

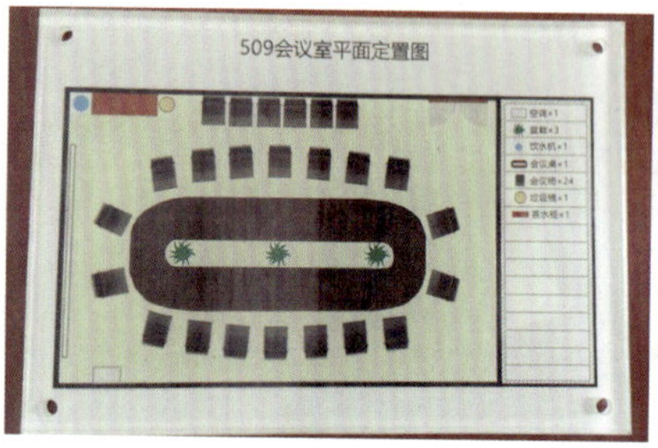

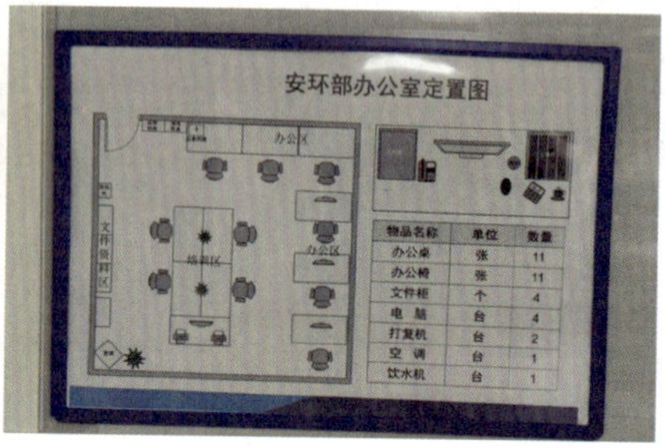

4.2.4 办公室人员去向牌

应用对象

办公室人员。

规范要求

标准类别：建议标准。

材料：铝合金或亚克力卡槽、PVC。

规格：参考长宽 600mm（长）×480mm（宽），根据实际情况调整。

内容：企业 LOGO、部门、岗位、姓名、照片、人员状态。

示范图解

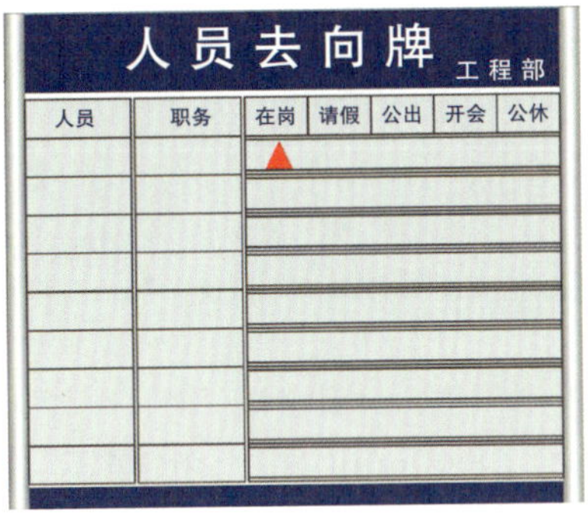

4.2.5 员工姓名标识牌

应用对象

办公桌。

规范要求

标准类别： 建议标准。

材料： PVC+ 标签打印色带，彩色相片打印纸、塑封膜。

规格： 180mm（长）× 110mm（宽），根据实际情况统一调整。

内容： 企业 LOGO、岗位、姓名、照片（部门、电话、工号等内容可根据实际需求增加）。

实际案例

4.2.6 文件柜标识牌

应用对象

所有办公区域。

规范要求

标准类别：强制标准。

材料：自粘式塑料片。

规格：90mm（长）×60mm（宽），根据实际情况统一调整。

内容：LOGO、文件柜编号、资料名称、部门、责任人和联系电话；粘贴于文件柜门左上角，所有标签横平竖直。

示范图解

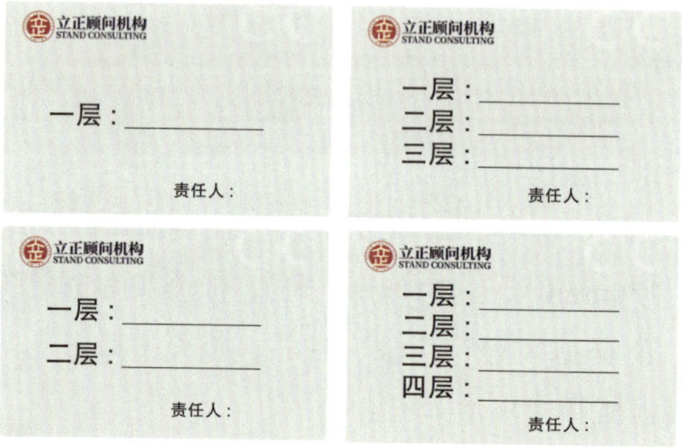

实际案例

4.2.7 柜内物品放置

应用对象

柜内物品。

规范要求

标准类别：强制标准。

材料：10mm 定位条、标签打印机色带。

规格：定位条宽 8mm，颜色绿色、蓝色、黄色，标签打印机色带宽 12mm。

内容：物品编号、物品名称，标签贴于物品分隔线正中间。

实际案例

4.2.8 文件盒标识

应用对象

所有办公区域。

规范要求

标准类别：强制标准。

材料：彩色相片纸、塑封膜。

规格：根据文件盒实际尺寸调整，同类文件盒尺寸统一。

内容：LOGO、公司名称、文件盒应编号、文件名称、管理人、部门，形迹管理标识。

示范图解

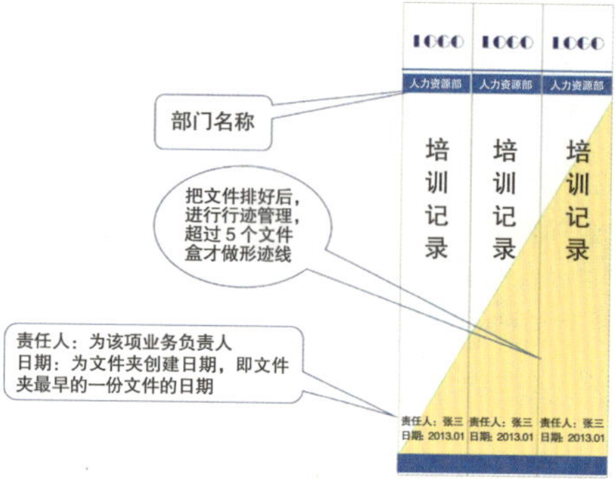

实际案例

4.2.9 文件盒内标识

应用对象

文件盒、档案盒。

规范要求

标准类别： 建议标准。

材料： 打印机色带、A4 纸张。

规格： 宽 12mm。

要求： 目录、文件编号，目录编号与文件标签对应，目录在文档第一页或文件盒封面内侧；文件标签错开贴于文件一侧，方便查找。

实际案例

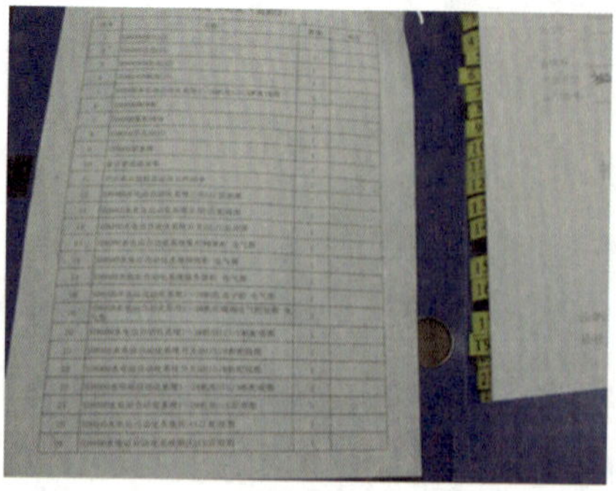

4.2.10 文件框标识

应用对象

文件架、文件框、多层文件架。

规范要求

标准类别： 强制标准。

材料： PVC，相片纸 + 塑封膜。

规格： 四角定位线；标识尺寸根据实际调整。

要求： 文件框四角定位；文件夹、文件框对应标识名称。

实际案例

4.2.11 抽屉标识

应用对象

工作台面、办公桌面物品。

规范要求

标准类别： 强制标准。

材料： 透明底白字色带、透明底黑字色带、蓝底白字色带。

规格： 参考长宽 60mm（长）× 24mm（宽）。

要求： 按抽屉内所存物品类型填写（如办公用品、文件资料、私人物品，私人物品放置下层），统一在抽屉左上角或右上角。

示范图解

实际案例

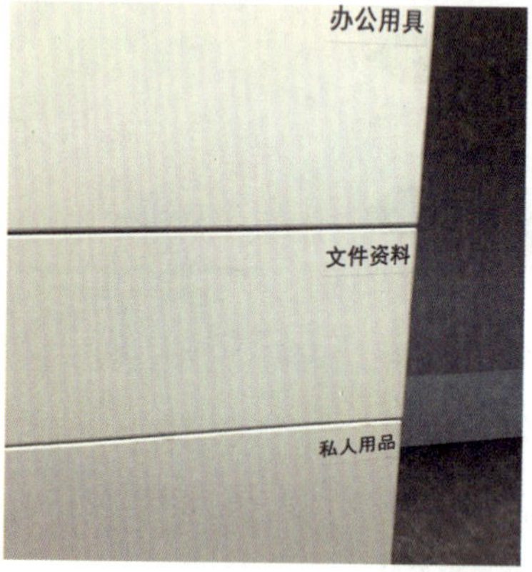

4.2.12 抽屉物品定位、标识

应用对象

抽屉、文件柜内部。

规范要求

标准类别：建议标准。

材料：EPE 棉、分隔板、标签打印机色带。

规格：宽 24mm 黄色色带。

内容：分隔、分类、物品标识。

实际案例

4.2.13 盆栽标识牌

应用对象

盆栽花卉。

规范要求

标准类别：建议标准。

材料：彩色照片打印纸、塑封膜、双面胶。

规格：尺寸根据花卉大小调节，小盆栽 50mm（长）×100mm（宽）；大盆栽 90mm（长）×120mm（宽）。

内容：名称、属科、养护简介、责任人和温馨提示，用细竹签插在盆栽土壤中。

示范图解

实际案例

4.3 电器设备

4.3.1 插座标识

应用对象

存在两种以上不同额定电压、电流区域的插座，不存在误用、错用隐患的插头不用标识。

规范要求

标准类别：建议标准。

材料：标签打印机色带，220V 用透明底黑字，380V 用透明底红字。

规格：宽 12mm，可根据情况只对 380V 插座进行标识。

内容：额定电压、额定电流、上级开关。

示范图解

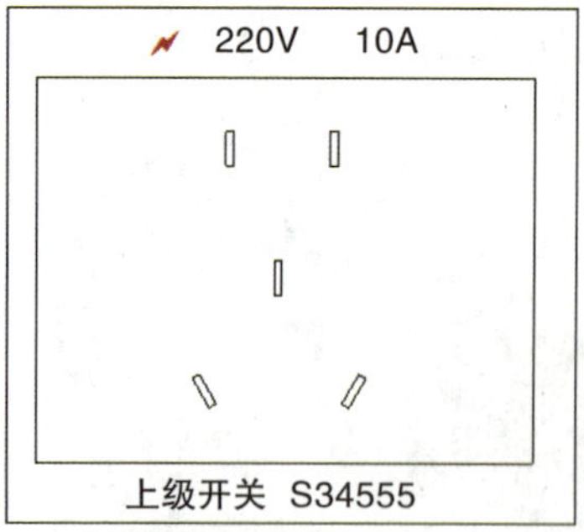

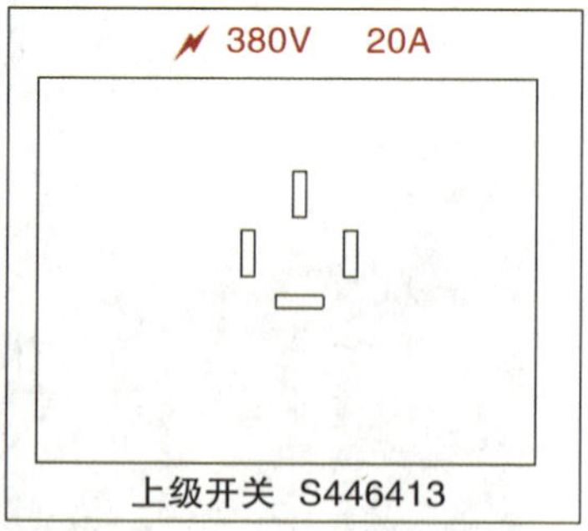

4.3.2 照明开关

应用对象

存在两个以上或不容易判断的照明开关。

规范要求

标准类别： 强制标准。

材料： 透明底黑字色带，画示意图。

规格： 长 24mm、宽 12mm。

要求： 应明确各开关标识所控制的对象，标注在开关按钮中心位置或边侧。

实际案例

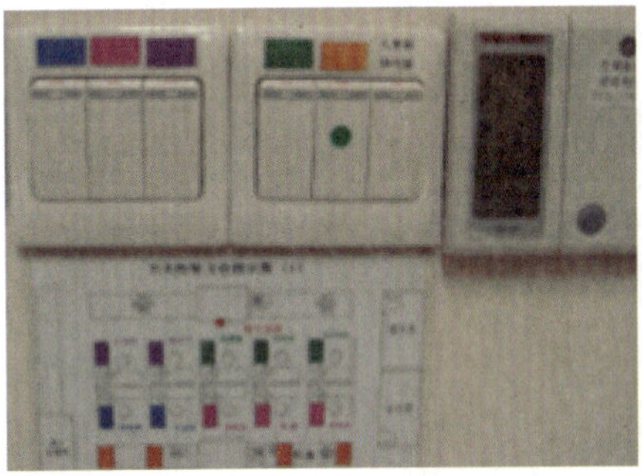

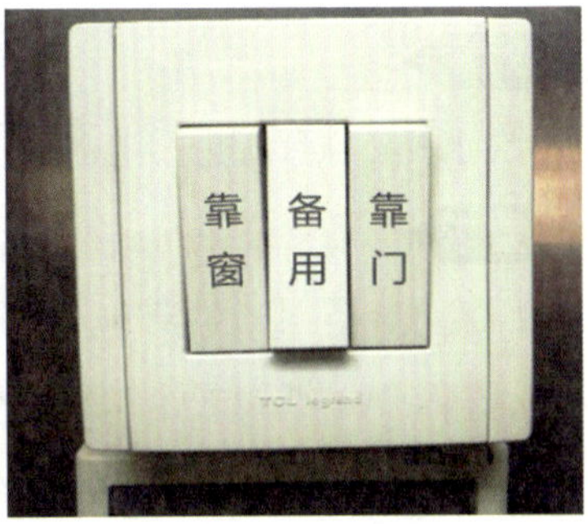

4.3.3 空调开关标识

应用对象

空调开关。

规范要求

标准类别： 建议标准。

材料： A4 纸过塑，PVC+ 标签用色带。

规格： 80mm（长）×45mm（宽）。

内容： LOGO、空调编号和名称、部门责任人、温度设定；粘贴于空调开关正上方，所有标签横平竖直。

示范图解

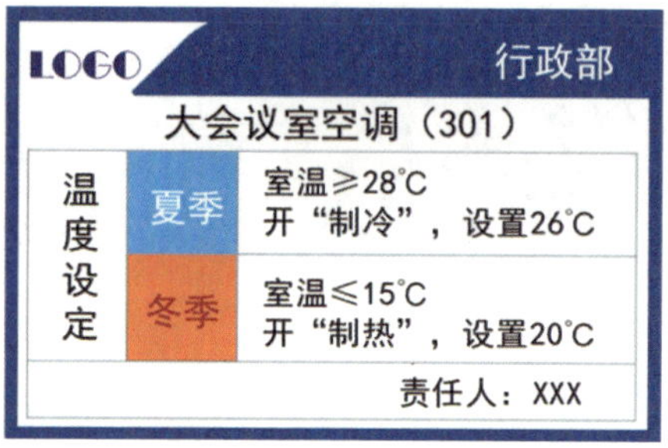

实际案例

4.3.4 公用电器标识

应用对象

饮水机、打印机、电源箱等。

规范要求

标准类别：建议标准。

材料：A4 纸过塑，标签用色带。

规格：参考长宽 65mm × 40mm，可根据区域情况调整大小。

内容：名称、资产编号、责任人、报修电话。

示范图解

名　称：	打印机：
资产编号：	BG-ZH-48
责任人：	李四
报修电话：	1380000000

实际案例

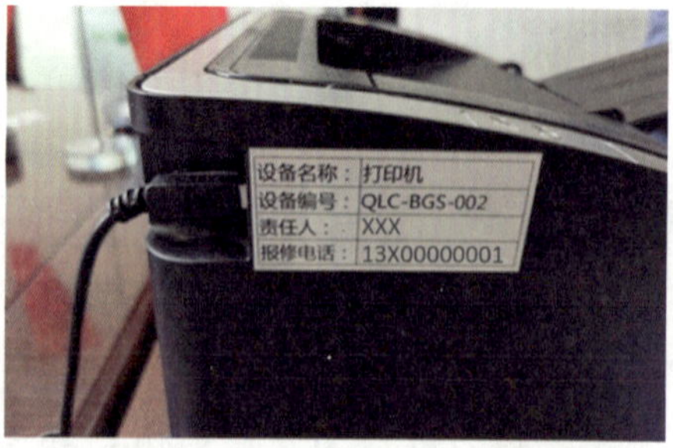

4.3.5 电源线整理

应用对象

设备电源线、数据线等。

规范要求

标准类别： 强制标准。

材料： 魔术贴、塑料扎带、固定扣、线槽、束线管、收纳盒。

规格： 扎带 100mm~150mm，保护套根据实际情况选择规格。

要求： 电源线用扎带绳捆扎，用束线管整理。

实际案例

4.3.6　电源线标识

应用对象

设备电源线、数据线等。

规范要求

标准类别：强制标准。

材料：标签打印机色带。

规格：12mm（长）×100mm（宽）。

内容：对应管理对象的名称、编号；设备电源线两端距离接口 30mm~50mm，围绕电源线对折粘贴。

示范图解

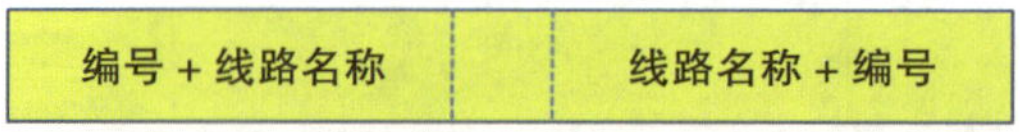

实际案例

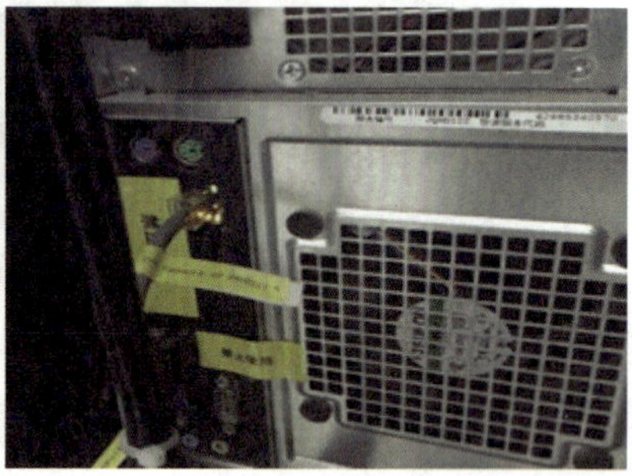

4.4 卫生间

4.4.1 卫生间整体环境

应用对象

卫生间。

规范要求

标准类别：强制标准。

要求：（1）整体：地面整洁，无垃圾、积水、杂物；墙面及门窗整洁、完好；天花板无破损、蜘蛛网；卫生死角无积尘。

（2）水龙头：出水口清洁，无水垢，无锈迹，分别用红、蓝标识注明冷热水方向。

（3）洗手液：无水珠，无灰尘，进行隐形定位。

（4）擦手纸、卷纸：及时补充，纸盒表面干净，无灰尘。

（5）洗手盆：台面干净，无水迹，无杂物。

（6）正衣镜：镜面光亮，无灰尘，无手印，无水迹。

（7）小便池：小便池无尿碱、烟头、痰渍；定期消毒，表面无污渍，出水口清洁、无水垢。

（8）卫生间隔间：隔间清洁，无污迹，无杂物，无蜘蛛网；马桶干净，无异物、便渍、水锈，定期消毒；及时补充厕纸及一次性坐垫。

（9）纸篓：定置放置；桶内垃圾不得超过 2/3 且无异味，桶内外清洁、无黏附物，无污渍。

（10）清洁用具：公用的扫把、拖把、抹布统一定置；卫生工具摆放整齐，无污迹。

（11）检查表：记录清晰、完整。

4.4.2 卫生间门牌

应用对象

卫生间。

规范要求

标准类别：建议标准。

材料：亚克力 UV，钢板烤漆丝印。

规格：宽 220mm、高 450mm，根据实际情况进行调整。

内容：男卫生间、女卫生间。

实际案例

4.4.3 卫生间清洁点检看板

应用对象

卫生间。

规范要求

标准类别：建议标准。

材料：A3、A4 纸，PVC 板，亚克力喷绘。

规格：检查表为普通 A3、A4 纸，检查标准展板参考长宽 900mm（长）× 600mm（宽）。

内容：检查标准、检查流程、责任人、检查记录等。

实际案例

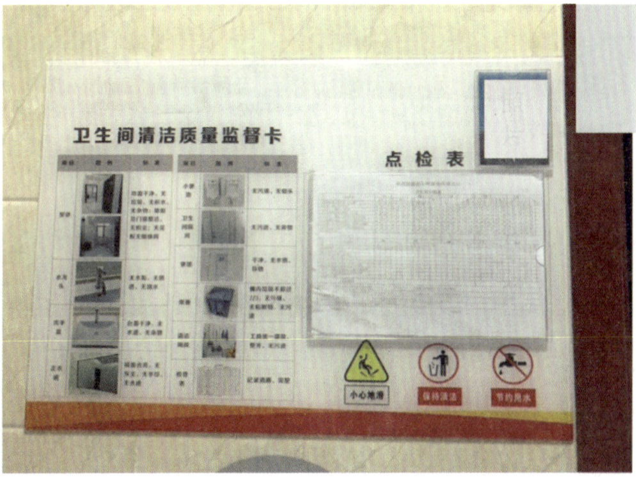

4.4.4 洗手盆标识

应用对象

洗手盆。

规范要求

标准类别： 建议标准。

材料： 亚克力。

规格： 参考长宽 400mm（长）×220mm（宽），根据实际场所调整尺寸。

内容： 节水温馨提示或洗手步骤。

实际案例

4.4.5 卫生间隔断门标识

应用对象

卫生间隔断门。

规范要求

标准类别： 建议标准。

材料： 不锈钢标识、亚克力。

规格： 编号高度 70mm，便池类型图标参考长宽 80mm（长）×80mm（宽）。

内容： 包括编号、便池类型图标、推拉标识。

实际案例

4.4.6 厕位内配置

应用对象

厕位内部。

规范要求

标准类别： 建议标准。

材料： 车身贴、亚克力等。

规格： 根据实际情况选定。

内容： 设纸篓、厕纸盒、搁物板，厕位内台阶边沿贴宽 10cm 黄色防止踏空警示线，冲水开关处标明“请脚踏冲水”，厕位门内侧贴温馨提示。

实际案例

厕纸处贴节约用纸提示

搁物板

纸篓、厕纸盒

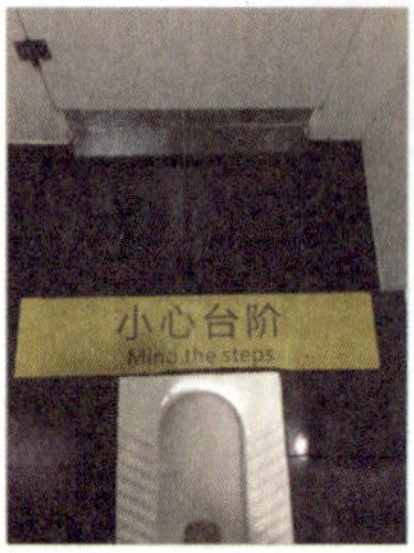

厕位内台阶边沿贴宽 10cm 黄色防止踏空警示线

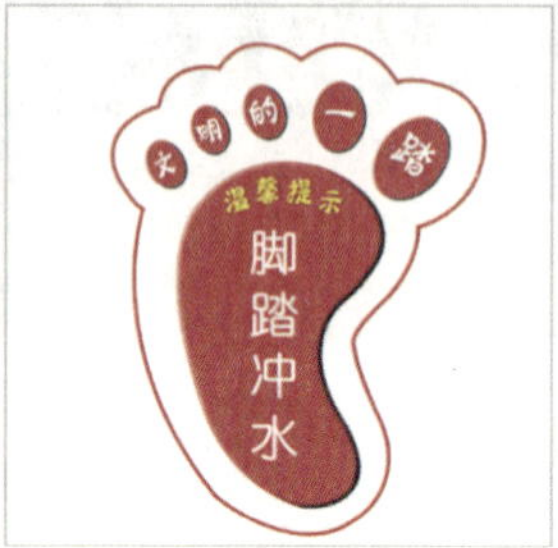

冲水开关处标明“请脚踏冲水”

厕位们内侧贴温馨提示

4.4.7 清洁用具标识

应用对象

清洁用具。

规范要求

标准类别： 建议标准。

材料： A3、A4 纸过彩印塑封，PVC 板、亚克力印刷。

规格： 参考长宽 250mm（长）× 100mm（宽），根据实际情况定尺寸，各区域可采用个性化的设计。

内容： 区域名称，物品名称、数量。

示范图解

实际案例

第五章

检验室 7S 管理规范

CHAPTER 5

5.1 检验室环境管理规范

检验室整体环境

应用对象

检验室台面设备。

规范要求

标准类别：强制标准。

要求：（1）整体布局合理，环境整洁，无积水，无杂物，物品定位清晰。

（2）实验台面整洁，物品定置摆放，应悬挂化验操作流程。

（3）配置有“必须戴防护眼镜”“佩戴防护手套”“当心腐蚀”“非工作人员不得入内”等警示牌。

（4）检验室应设置洗手池、配置洗眼器，洗手池上方应悬挂“紧急洗眼水”提示标志牌。

（5）检验室设置急救药箱，备有药棉、急救时中和用的溶液等。

（6）试验器皿应“定点、定类、定量”摆放，标识明确。

（7）化学品分类摆放，标识清晰准确，柜内目录对应，设领用台账。

（8）危险品隔离定置并按危险品管理制度管理，专用柜有相应的责任人标识。

实际案例

5.2 检验室目视化管理规范

5.2.1 作业标准目视化

应用对象

检验室台面设备。

规范要求

标准类别： 建议标准。

材料： PVC 板、A3 纸。

规格： A3 纸尺寸可根据墙上空间大小确定。

内容： 岗位名称、作业步骤、图片、作业标准、注意事项、主要参数。

实际案例

5.2.2 化学品标识

应用对象

化学品。

规范要求

标准类别：强制标准。

材料：打印纸、塑封膜、双面胶。

规格：70mm（长）× 45mm（宽），可根据实际情况确定，不同类型化学品分颜色管理。

内容：填写品类、名称、浓度、配置日期、有效期。

示范图解

物品标签（酸类）	
名称	
浓度	
配置日期	
有效期	

物品标签（碱类）	
名称	
浓度	
配置日期	
有效期	

物品标签（还原剂）	
名称	
浓度	
配置日期	
有效期	

物品标签（氧化剂）	
名称	
浓度	
配置日期	
有效期	

物品标签（普通药品）	
名称	
浓度	
配置日期	
有效期	

实际案例

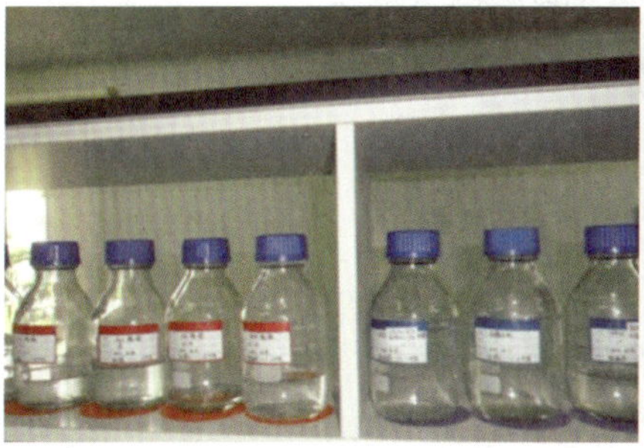

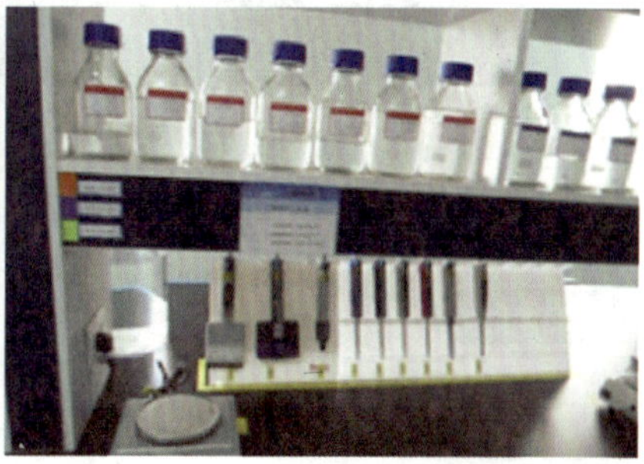

5.2.3 台面容具器定位

应用对象

化学品、容具、工具。

规范要求

标准类别：建议标准。

材料：标签打印机色带、广告贴纸。

规格：标签打印机色带宽 12mm，定位线宽度为 10mm。

内容：名称、日期、管理人员等；标识统一大小及高度；试剂用黄色定位线进行分隔。

实际案例

5.2.4 实验仪器、仪表

应用对象

检验室台面设备。

规范要求

标准类别：强制标准。

材料：定位线、标签打印机色带。

规格：定位线宽度 10mm，色带宽度为 12mm 或 24mm。

内容：物品名称、编号；设备摆放符合“定点、定类、定量”原则，分类摆放，器皿之间用定位线隔开，放置区有对应的标识，标识在每个器皿的正前方，定位线、标签要水平垂直。

实际案例

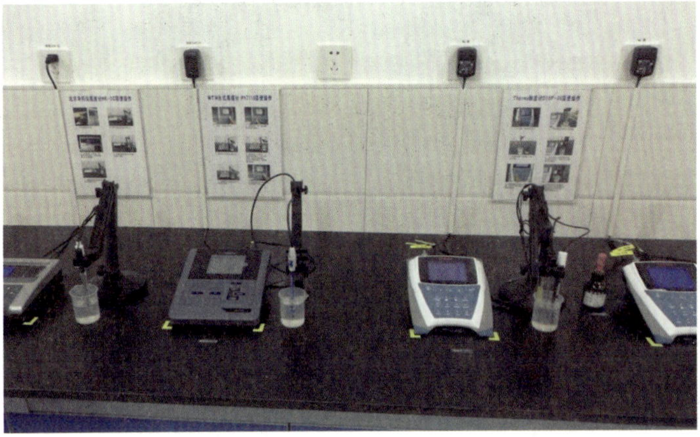

5.2.5 实验工具管理

应用对象

检验室台面设备。

规范要求

标准类别：建议标准。

材料：EPE 棉 / 亚克力 /PVC、定位线、标签打印机色带。

规格：定位线宽度 10mm，色带宽度为 12mm 或 24mm。

内容：物品名称、编号；设备摆放符合“定点、定类、定量”原则，分类摆放，器皿之间用定位线隔开，放置区有对应的标识，标识在每个器皿的正前方，定位线、标签要水平垂直。

实际案例

5.2.6 柜内器皿管理

应用对象

柜内器皿管理。

规范要求

标准类别：建议标准。

材料：标签打印机色带、定位胶带、亚克力 /PVC。

规格：标签打印机色带宽 12mm，定位胶带宽度为 10mm。

内容：物品名称、编号，用亚克力 /PVC 做出专用凹槽固定溶液瓶并进行标识。

实际案例

5.2.7 样品管理

应用对象

样品。

规范要求

标准类别：强制标准。

材料：定位线、标签打印机色带。

规格：定位线宽度 10mm，色带宽度为 12mm、24mm。

内容：物品名称、日期。

实际案例

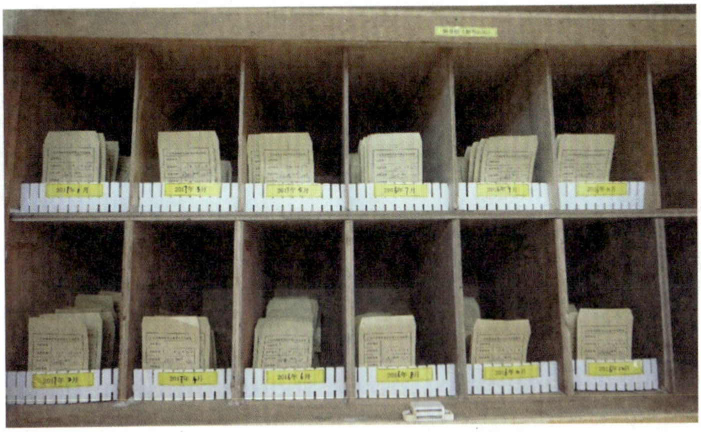

5.2.8 印章、文具管理

应用对象

检验室台面办公用品。

规范要求

标准类别： 建议标准。

材料： 定位线、标签打印机色带、EPE 棉 / 亚克力。

规格： 色带宽度为 12mm。

内容： 物品名称、编号；用 EPE 棉 / 亚克力 /PVC 制作出专用凹槽固定印章及文具并贴标识。

实际案例

5.3 检验室安全管理规范

5.3.1 危险品管理

应用对象

危险品。

规范要求

标准类别：强制标准。

材料：定位胶、标签打印机色带、定置箱。

规格：根据实际情况确定。

内容：区域名称、危险品名称、警示标识、防护用品、职业危害告知牌、通风标识、注意事项等；各危险品要分类、分隔，定置横平竖直。

实际案例

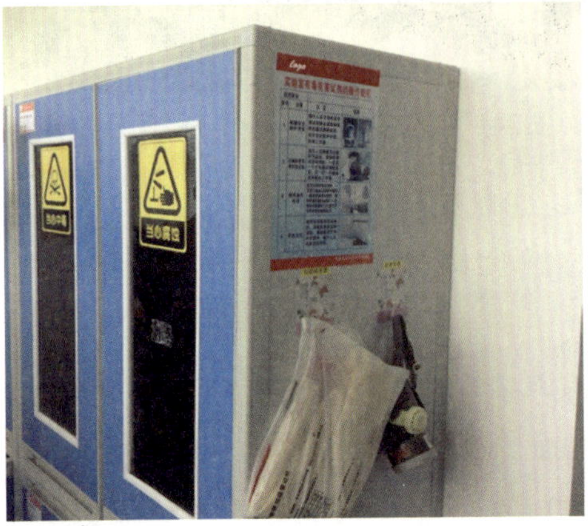

5.3.2 通风柜安全警示

应用对象

通风柜。

规范要求

标准类别： 建议标准。

材料： 3M 工程级警示线、安全警示标志。

规格： 防撞线宽度为 50mm；安全标示根据张贴位置调整。

内容： 根据物品特性、安全要求粘贴警示标志。

实际案例

5.3.3 洗眼器标示

应用对象

洗眼器。

规范要求

标准类别： 建议标准。

材料： 亚力克或耐磨广告帖。

规格： 尺寸 200mm（长）×100mm（宽），根据张贴位置调整。

要求： 有酸、碱工作的化验室要设置洗眼水喷头，设“紧急洗眼水”提示标志牌和操作方法标示。

实际案例

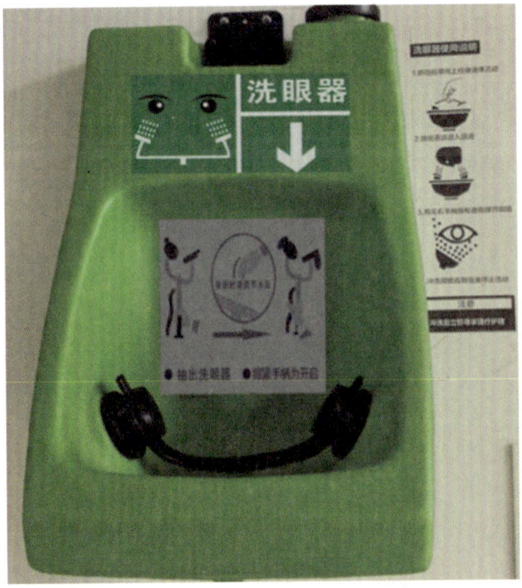

第六章

仓库区域 7S 管理规范

CHAPTER 6

6.1 仓库整体管理规范

6.1.1 仓库整体环境

应用对象

各种工具、器材类。

规范要求

标准类别：强制标准。

要求：（1）各物资、备品备件整洁，无油污、生锈。

（2）物资定期管理，状态可用。

（3）按类别、功能划分区域，标识清晰，定量管理，明确责任人。

（4）精密仪器、仪表、量具应保存在规定温度范围内，同时做好防护措施。

（5）物资入库要进行验收，分类存放上架并做好记录。

（6）不合格物资应明确标识，隔离放置。

（7）物资按“四号（库号、架号、层号、位号）定位原则”定位，摆放合理。

（8）在收、发料后，调整物料卡和台账上的库存数量。

实际案例

6.1.2 仓库布局图

应用对象

所有仓库。

规范要求

标准类别： 强制标准。

材质： PVC 喷绘、亚克力 UV。

规格： 参考长宽 900mm（长）×600mm（宽），根据墙上空间大小确定。

内容： 仓库平面图、区域名称、责任人、安全通道等信息。

实际案例

6.2 仓库目视化管理规范

6.2.1 货架定位

应用对象

各种工具、器材类。

规范要求

标准类别：强制标准。

材料：黄色贴地胶带或黄色路标漆。

规格：线宽 50mm。

要求：定位线的内边线与物品间距为 10mm~20mm。

示范图解

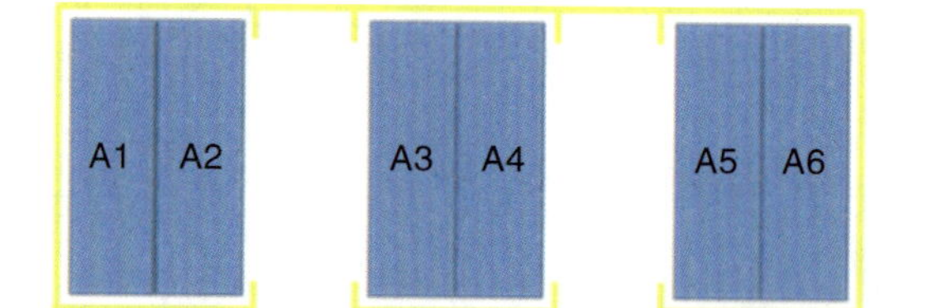

实际案例

6.2.2 货架标牌

应用对象

各种工具、器材类。

规范要求

标准类别： 强制标准。

材料： 亚克力或 PVC 喷绘。

规格： 可根据货架尺寸调整。

内容： 企业 LOGO、货架名称、各层分类名称和物品照片。

实际案例

6.2.3 货架层别标识

应用对象

货架。

规范要求

标准类别：建议标准。

材料：PVC、亚克力、磁性条＋36mm 黄底黑字色带。

规格：根据货架横梁厚度调整。

内容：层别编号。

示范图解

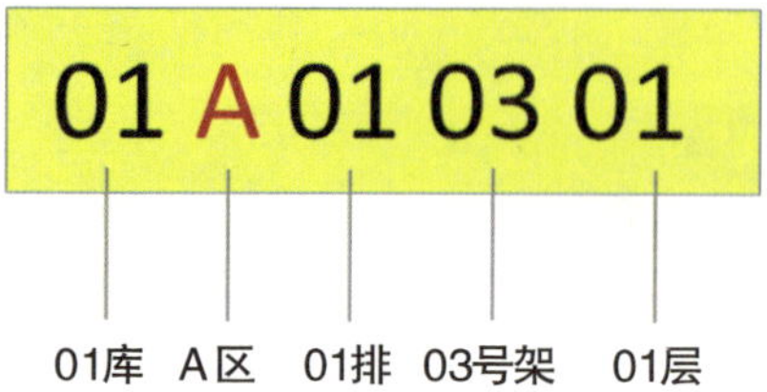

实际案例

6.2.4 消耗性物资标识

应用对象

消耗性物资。

规范要求

标准类别：强制标准。

材料：A4 纸装订（台账）、磁性标签。

规格：可根据货架横梁厚度调整。

内容：库位、物资名称、规格型号、编码、仓库定额等。

实际案例

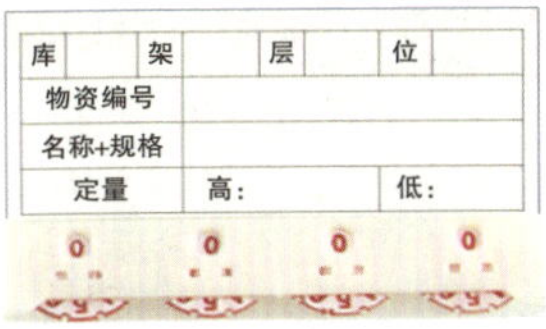

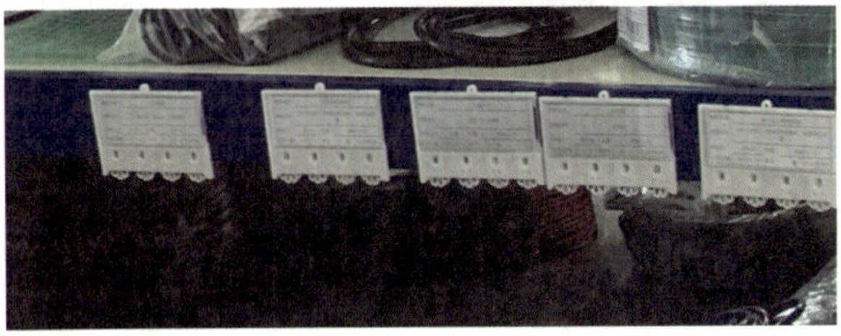

6.2.5　物品领用记录

应用对象

物资、工具、备件等。

规范要求

标准类别：建议标准。

材料：使用二维码等信息化工具实现快速记录、统计。

规格：二维码尺寸根据粘贴位置调整。

内容：名称、仓位、数量、领用人等。

实际案例

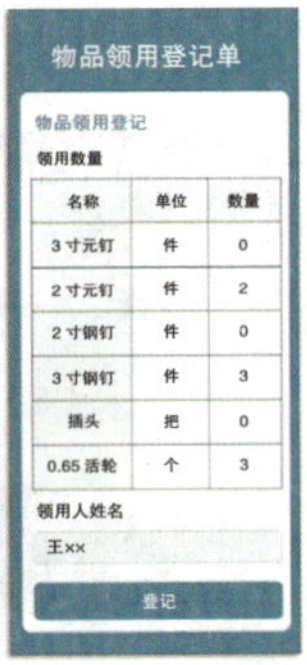

A	B	C	D	E	F	G	H	I	J
序号	领用时间	领用数量 3 寸圆钉	领用数量 2 寸圆钉	领用数量 2 寸钢钉	领用数量 3 寸钢钉	领用数量插头	领用数量 0.65 活轮	领用人姓名	手机
1	2022/11/3	1			2		2	李××	13200000001
2	2022/11/4			2		2		王××	13200000002
3	2022/11/4		2		2		1	陈××	13200000003
4	2022/11/5	2		2				陈××	13200000003
5	2022/11/8		1	1	1			陈××	13200000003
6	2022/11/8		1			2	1	王××	13200000002
7	2022/11/8		2		3		3	王××	13200000002
8									
9									
10									
11									
	汇总	3	6	5	8	4	7		

6.2.6 物料盒

应用对象

小物物资。

规范要求

标准类别： 建议标准。

材料： 物料盒。

规格： 根据现场情况选择。

要求： 物料盒要有物识，方便取放。

实际案例

6.2.7 先进先出目视化

应用对象

仓库物资、设备、备品备件等。

规范要求

标准类别： 建议标准。

材料： 磁性贴、色带、广告贴纸。

规格： 标识牌 600mm（长）× 300mm（宽），根据实际情况调整。

要求： 先进先出（FIFO）标识。方法 1：采用自重滑动式货架；方法 2：所有物品排序整齐，按从里侧或从左侧补货、从外侧或右侧领取的原则；方法 3：在货架与物品对应的位置粘贴“先进”“先出”标识；方法 4：在物品容器便于观察的位置贴先进先出指示标识（箭头）。

示范图解

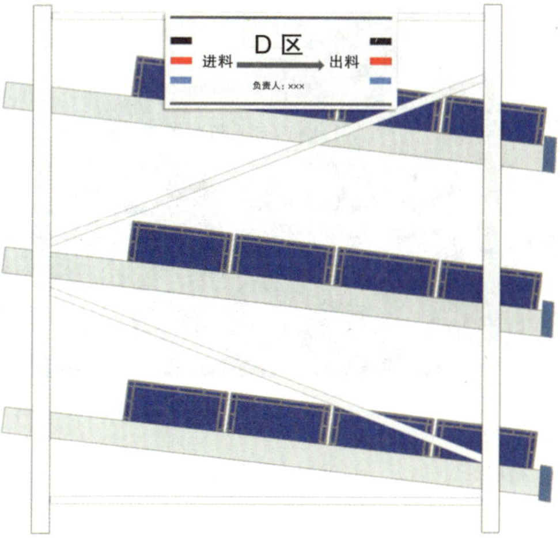

6.2.8 五五堆放法

应用对象

重点物资。

规范要求

标准类别： 建议标准。

材料： 广告贴纸、标签打印机标签。

规格： 分隔线宽 10mm，色带长 12mm、宽 24mm。

要求： 超过一定数量时，按一定数量分组堆放，一般 5 个或 10 个一组，方便数量管理；要横平竖直，整齐放置；领用补充要考虑先进先出。

实际案例

6.2.9 数量管理目视化

应用对象

重点物资、损耗快的物资。

规范要求

标准类别： 建议标准。

材料： 黄、红、绿色广告贴纸，标签打印机标签。

规格： 分隔线宽 10mm，色带长 12mm、宽 24mm。

要求： 用绿色表示库存量在正常范围，黄色表示警告范围，红色表示危险范围；定位标识尺寸根据物资特点调整；要横平竖直，整齐放置；领用补充要考虑先进先出。

实际案例

第七章

7S 管理制度文件

CHAPTER 7

7.1 7S 管理项目实施办法

1. 目的

统一全员开展 7S 管理活动的思想和行动，倡导和鼓励员工在 7S 现场活动中努力创优秀、争先进。

2. 适用范围

本公司各部门及全体员工。

3. 方针和目标

★ 推进方针：规范、创新、和谐、持续。

★ 推进目标。

◇ 优化工作场所，提高生产效率。

◇ 创造舒适、安全的工作环境。

◇ 提高员工素质，增强客户信心。

◇ 确保产品质量，提高服务水平。

4. 组织架构和职责

7S 管理推进工作组织机构和职责。

5. 考核和评比

★ 本办法前期加强活动预计从 ×××× 年 ×× 月开始，施行 6~12 个月。后续推进活动可参照或修订本办法施行。

★ 为保证 7S 工作的有效推进、培养团队精神，以部门 / 区域为单位开展竞赛活动。

★ 划分各部门之间的责任区域。

★ 由各区域指定主管对责任区域推进效率负责。

★ 考虑各部门 / 区域的差异性，进行评比考核时设定适当的加权系数予以修正。

★ 由公司推进委员会组成评委团加以评比考核，评分表单由推进办公室负责收集并计算成绩。

★ 评比考核结果由推进委员会公布并实施奖惩。

★ 评比考核中的重大缺点于公司宣传栏公示，各部门 / 区域应依照改进。

6. 匾牌与奖金颁发

★ 各评比项目优胜者由公司领导颁发匾牌 / 锦旗和奖金（另行研究）。匾牌或锦旗必须悬挂于部门 / 区域的明显位置，奖金原则上作为部门基金按员工贡献大小分配。

★ 各评比项目排名末位者由公司做出罚款处理，在相关责任人工资中扣除，其中部门负责人和具体推进者分别占总扣款的 15% 和 10%。

★ 评比项目成绩均未达到 80 分时，参评单位不做奖励；评比项目成绩均超过 80 分时，不处罚排名末位者。

7. 评比项目

★ 样板区的激励方案（金额仅供参考，下同）如表 7–1 所示。

表 7–1 样板区激励方案

第一名	第二名	第三名	通过验收	未通过验收
1200 元	1000 元	800 元	500 元	通报批评

样板区成绩代表部门 / 区域成绩，在验收时进行激励，项目负责人予以总奖金的 15%，其余自行分配。为消除样板区差异，设定加权系数（另行研究）予以修正。

★ 最终评比的激励方案。

◇ 最终评比在项目完成后以区域为单位，分为办公、生产、后勤三个类型，每一类型内各个区域设定适当加权系数进行评比

（各类型区域另行研究）。对优胜者予以奖金激励，对排名末位者予以处罚以作警示和鞭策。

◇ 奖金 / 罚款总额与该区域在编员工人数挂钩（见表 7-2）。考核结果直接与区域负责人挂钩，负责人涉及金额占奖金 / 罚款总额的 15%。

表 7-2　奖惩总额与该区域在编员工人数挂钩

第一名	第二名	第三名	倒数第一名 / 第二名
80 元 / 人	60 元 / 人	40 元 / 人	通报批评

◇ 各类型奖励 / 处罚名次（见表 7-3）。

表 7-3　各类型奖惩名次

类型	第一名	第二名	第三名	排名末位
办公	1	1	2	1
生产	2	2	3	2
后勤	1	1	2	1

★ 单项奖项：单项奖励在项目完成时进行（见表 7-4）。

表 7-4　单项奖项

序号	奖项名称	奖励对象	奖励数量	奖金
1	最佳组织奖	各部门 / 区域	1	800 元
2	最佳创意奖	个人	5	300 元
3	最佳看板奖	部门 / 区域、每月一次	3	200 元
4	优秀督导师	个人	5	300 元
5	进步奖	部门 / 区域	2	500 元
6	先进个人	各部门 / 区域的个人	10	150 元

★ 其他激励。

◇ 推行月度激励。

每月对各部门 / 区域推行状况评比，以作业完成率及会议出勤率为评比依据，对前两名进行奖励，对排名末位进行处罚（见表 7-5）。

表 7-5　月度激励

序号	名次	激励金额
1	第一名	奖励 500 元
2	第二名	奖励 300 元
3	最后一名	通报批评

◇ 实时激励。

由各部门推荐，推进委员会决定，每月对推进过程中的优秀员工实时激励（见表 7-6）。

表 7-6　实时激励

序号	项目	激励金额	名额
1	最佳创意奖	一级：100 元	1 个
		二级：50 元	2 个
2	7S 推进积极分子	一级：100 元	1 个
		二级：80 元	2 个
		三级：50 元	3 个

8. 评分办法

各部门 / 区域的考核以评委团评分计算方法进行，评分结果由各项工作分数和加权系数组成。

★ 各项工作分数比重（见表 7-7）。

表 7-7　各项工作分数比重

序号	考核内容	考核依据	权重
1	准时参加各种会议	会议记录、出勤率	A=5%
2	准时参加各种培训、评比及考核	培训记录、出勤率	B=5%
3	按质、按量、按时完成各项作业内容	现场改善备忘表、完成率	C=10%
4	7S 考核评比得分	评分表	D=80%

★ 加权系数。

◇ 各部门 / 区域之间 7S 开展难度和实际状况存在差距，为客观、公正考核各部门 / 区域在 7S 工作的投入和效果，设定加权系数。

◇ 7S 推进办召集，各部门 / 区域负责人参加，根据各部门 / 区域的人数、面积、人员素质、硬件配置等差异确定加权系数并予以公布。各部门 / 区域实际状况发生变化时，加权系数应作修正。

★ 计算公式：考核得分 =（出勤率 ×A+ 出勤率 ×B+ 完成率 ×C）×100+ 评比得分 × 加权系数 ×D

9. 附则

★ 本办法由 7S 推进委员会制订，报总经理批准后实施。

★ 本办法由 7S 推进委员会负责解释。未尽事宜随时修正并予以公布。

★ 本办法自 ×××× 年 ×× 月 ×× 日起实施。

7.2 7S 管理考核及竞赛办法

1. 目的

进行 7S 活动评比的目的在于鼓励先进、鞭策落后，形成全面推进的良好气氛，树立公司的良好形象。

2. 范围

公司分为三个区域进行评比，公共区域按属地原则列入相关部门。

★ 一类现场：××车间、××车间、××车间、××车间、××车间、××车间……

★ 二类现场：检验室、五金备件仓、成品仓……

★ 行政办公区域：人力资源部、营销部、外贸部、财务部……

3. 评比细则

★ 评比以车间 / 部门为单位（试行阶段以 7S 样板区为主）。

★ 评分小组由推进办组织，明确小组组长。小组评委由督导师、部门 7S 负责人和推进办成员组成。评比时，每组 6 人以上，共 3 组进行评比，得分取平均分（去除最高分、最低分）。

★ 检查中，评分委员根据评分标准，将发现的问题点做好记录，各部门根据问题进行改善。

★ 检查周期为每月 1 次，评委依据 7S 评分标准及评分表到各区域检查评分，评分力求客观、公正；各评比组必须于评比当天将评分表交到推进办进行统计，推进办将成绩公布。

★ 每月第一周对上月的结果进行公布和奖励。第一名颁发红色流动锦旗和奖金，第二名发奖金，最后一名发“最需努力”黄色流动锦旗并处以罚款。

4. 评分方法

在 7S 活动中，评分要准备的道具如下。

★ 评分用文件夹板。

★ 评分标准（贴在夹板封面内页）。

★ 评分记录表（夹于夹板上）。

分三个区域进行，每区域评委 6 人以上，1 人记录问题，1 人拍照，评委各自打分，打完分后要汇合分数。

在考核中，采用发现问题点后参考《评分标准》，再填写《7S 评分表》。

5. 评分标准

生产作业区评分标准、仓库评分标准、实验室评分标准、办公区评分标准、公共环境区评分标准。

6. 分数计算方法

总评分 = 分项得分 /（分项满分值 − 分项不适用分值）× 100 分

7. 奖励方案（见表 7-8）

表 7-8　奖励方案

类别	第一名	第二名	第三名	最后一名
一类现场	600 元 + 流动红旗	400 元	200 元	流动黄旗
二类现场	600 元 + 流动红旗	/	/	流动黄旗
行政办公区	600 元 + 流动红旗	400 元	/	流动黄旗

8. 其他说明

★ 锦旗为流动锦旗，所颁锦旗于当月底收回。

★ 所颁发的锦旗必须悬挂于指定的显眼位置。

★ 连续 3 个月获第一名，颁发荣誉奖。

★ 成绩均未达到 85 分时，第一、二名不颁发奖金。

★ 所颁发奖金不得平分，必须用于集体活动或部门建设基金。

★ 7S 活动的成绩列为工作绩效考核项目的一项内容。

9. 申诉制度

★ 若对 7S 的评分有任何认为和实际情况不符或不合理的情况，可向 7S 推进办申诉。

★ 申诉人申诉前必须确定核对最新的检查标准，并且与该评分委员协调。

7.3 7S 小组及相关责任区域的划分

7S 小组及相关责任区域的划分

一类现场 7S 分组汇总表					
序号	部门	7S 小组名称	区域	组长	督导师
1					
2					
3					
4					
5					
6					
7					
8					
9					

二类现场 7S 分组汇总表					
序号	部门	7S 小组名称	区域	组长	督导师
1					
2					
3					

三类现场 7S 分组汇总表					
序号	部门	7S 小组名称	区域	组长	督导师
1					
2					
3					
4					

公共卫生区 7S 分组汇总表					
序号	部门	7S 小组名称	区域	组长	督导师
1					
2					
3					

7.4 作业区 7S 管理评分标准

作业区 7S 管理评分标准

检查日期：　　　　检查人：　　　　第　期

项目	序号	标准内容	不符合时扣分
1. 地面	1.1	地面物品摆放有定位、标识、合理的容器，产品不直接落地	1.5
	1.2	地面应无污染（积水、油污、积垢等）	1.5
	1.3	地面应无不要物、杂物和卫生死角	1.5
	1.4	地面区域区分清楚，区域线、标识符合要求且清晰无剥落	1.5
	1.5	应保证物品存放于定位区域内，无压线	1.5
	1.6	安全警示区有明显警示标识，悬挂符合规定	1.5
	1.7	地面的安全隐患处（突出物、地坑等）应有防护或警示措施	1.5
2. 通道	2.1	通道划分明确，保持通畅，无障碍物，不占道作业	1.5
	2.2	两侧物品不压、超过通道线	1.5
	2.3	非正常占用通道的工具、物品应揭示占用原因、状态和责任人	1.5
	2.4	通道线及标识保持清晰完整	1.5
3. 墙身	3.1	墙身、护墙板及时修复，无破损等影响功能和观瞻的异常	1.5
	3.2	保持干净，没有欲剥落及不要物，无蜘蛛网、积尘	1.5
	3.3	贴挂墙身的各种物品应整齐合理，表单和通知归入公告栏	1.5
	3.4	墙身保持干净，无不要物（如过期标语、封条等）	1.5

续表

项目	序号	标准内容	不符合时扣分
4. 区域管理	4.1	主要区域、房间、工序应有标识铭牌	1.5
	4.2	楼道有楼层标识牌及平面布局图	1.5
	4.3	“关键工序”“紧急”“异常”等状况要予以特别区分	1.5
	4.4	劳动防护要求和注意事项须在入口给予相关提示	1.5
	4.5	生产现场应无隔断遮挡、自建房中房等	1.5
5. 设备、仪器、仪表、阀门	5.1	开关、控制面板标识清晰，控制对象明确	1.5
	5.2	设备仪器保持干净，摆放整齐，无多余物	1.5
	5.3	设备仪器明确责任人员，坚持日常点检，有必要的记录，确保记录清晰、正确	1.5
	5.4	应保证处于正常使用状态，非正常状态应有明显区分标识	1.5
	5.5	危险部位有警示和防护措施	1.5
	5.6	设备阀门标识明确	1.5
	5.7	仪表表盘干净清晰，有必要的正常范围标识	1.5
6. 材料、物料	6.1	存放区域分区、分架、分层，有布局图指引，查找便捷	1.5
	6.2	各种原材料、半成品、成品应整齐码放于定位区内，标识清楚，账物相符	1.5
	6.3	不合格品应分类码放于不合格品区并有明显的标识	1.5
	6.4	物料、半成品及产品上无积尘、杂物、脏污	1.5
	6.5	零件及物料无散落地面，不直接落地	1.5
7. 容器、货架	7.1	容器、货架等应保持干净，物品分类定位摆放整齐	1.5
	7.2	存放标识清楚，标志向外	1.5
	7.3	容器、货架本身标识明确，无过期及残余标识	1.5
	7.4	容器、货架无破损及严重变形	1.5
	7.5	危险容器搬运应安全	1.5
8. 叉车、电瓶车、拖车	8.1	定位停放，停放区域划分明确，标识清楚	1.5
	8.2	应有部门标识和编号	1.5
	8.3	应保持干净及安全使用性	1.5
	8.4	应有责任人及日常点检记录	1.5

续表

项目	序号	标准内容	不符合时扣分
9. 工具箱、柜	9.1	柜面标识明确，与柜内分类对应	1.5
	9.2	柜内工具摆放合理，明确品名、规格、数量	1.5
	9.3	有合理的容器和摆放方式	1.5
	9.4	各类工具应保持完好、清洁，保证使用性	1.5
	9.5	各类工具应采用不易错放、乱放的放置方法，使用后及时归位	1.5
	9.6	柜顶无杂物，柜身保持清洁	1.5
10. 工作台、凳、梯	10.1	上面物品摆放整齐、安全，无不要物和非工作用品	1.5
	10.2	保持正常状态并整洁干净	1.5
	10.3	非工作状态时按规定位置摆放（归位），有防止倾倒的措施	1.5
11. 清洁用具、清洁车	11.1	尽量悬挂不堆放，标识明确，及时归位	1.5
	11.2	清洁用具整洁	1.5
	11.3	垃圾不超出容器口	1.5
	11.4	抹布等应定位，不可直接挂在管道或搁置窗台上	1.5
12. 暂放物	12.1	暂放物放在暂放区或设置暂放标识	1.5
	12.2	暂放区的暂放物应摆放整齐、保持干净，明确责任人	1.5
13. 闲置物资（呆料）	13.1	有明确的摆放区域，并予以分隔	1.5
	13.2	应有明显标识	1.5
	13.3	做好防尘及清扫工作，保证整洁及完好状态	1.5
14. 油桶、油类	14.1	有明确的摆放区域，分类定位，标识明确	1.5
	14.2	按要求摆放整齐，加油器具定位放置，标识明确，防止混用	1.5
	14.3	油类的存放区应有隔离防污措施	1.5
15. 危险品（易燃易爆、有毒物品等）	15.1	有明确的摆放区域，分类定位，标识明确	1.5
	15.2	符合安全管控要求，隔离摆放，远离火源并有专人管理	1.5
	15.3	有明显的警示标识	1.5
	15.4	非使用时应存放于指定区域内	1.5

续表

项目	序号	标准内容	不符合时扣分
16. 标识和资料管理	16.1	物品应有固定的摆放位置，标识明确	1.5
	16.2	作业指导书、记录、标识牌等挂放或摆放整齐、牢固、干净	1.5
	16.3	标牌、资料记录正确且具有可参考性	1.5
	16.4	文件夹内资料有目录索引，方便查找（30 秒内找到），过期资料及时清理	1.5
17. 宣传栏、看板	17.1	部门主要班组应有看板（如“班组园地”“管理看板”等）	1.5
	17.2	干净并定期更换，无过期公告，明确责任人	1.5
	17.3	版面设置美观、大方，标题明确，内容充实，每期更换内容达到版面一半以上	1.5
18. 桌面、座椅	18.1	现场桌面无杂物、报纸杂志	1.5
	18.2	物品摆放有明确位置，不拥挤凌乱	1.5
	18.3	桌面干净、无明显破损	1.5
	18.4	玻璃下压物尽量减少并放整齐，不压日历、电话表以外的资料	1.5
	18.5	椅子转盘等部位无灰，及时归位	1.5
19. 电器、电线、开关、电灯	19.1	开关、插头须有控制对象标识，无安全隐患	1.5
	19.2	保持干净，无灰尘、油垢或蜘蛛网	1.5
	19.3	电线布局合理整齐、无安全隐患（如裸线、上挂物等）	1.5
	19.4	电器检修时需有警示标识	1.5
	19.5	线束尽量不落地，整齐扎起，落地要采取一定措施，防止踩压或绊倒人	1.5
20. 消防设施 / 器材	20.1	消防器材摆放位置明显，标识清楚	1.5
	20.2	位置设置合理，有红色警示线，线内无障碍物	1.5
	20.3	状态完好，按要求摆放，干净整齐	1.5
	20.4	有责任人及定期点检	1.5
	20.5	消防通道提示明显，通畅无阻，便于逃生	1.5

续表

项目	序号	标准内容	不符合时扣分
21. 辅助设施	21.1	风扇、照明灯、空调等按要求放置，清洁无杂物，无安全隐患	1.5
	21.2	日用电器、水龙头无人时应关掉，无长流水和长等浪费	1.5
	21.3	保持门窗、玻璃等各种公共设施干净，窗台、管道上不得放杂物	1.5
	21.4	废弃设备及电器应标识状态，及时清理	1.5
	21.5	保持设施完好、干净	1.5
22. 生活用品、私人物品	22.1	定位标识，整齐摆放，公私物品分开	1.5
	22.2	水壶、水杯按要求摆放整齐，保持干净	1.5
	22.3	允许放置的私人用品按要求摆放整齐，保持干净	1.5
23. 污染源管理	23.1	出入噪音、粉尘、光源等污染产生区域必须按照要求实施劳动防护	1.5
	23.2	按照要求穿戴净化服装进出净化区域	1.5
	23.3	人员、车辆、架柜等物资进入净化区域要先除尘	1.5
	23.4	净化区域无产生粉尘、碎屑的木质、纸质品、泡沫类物资	1.5
	23.5	员工、客人的净化服装按时、按要求清洗，确保干净整洁	1.5
24. 更衣室、衣帽间、鞋柜	24.1	区域干净整齐，无乱涂乱画，通风、无异味	1.5
	24.2	有编号或标识区分使用者	1.5
	24.3	有区域负责人和点检记录	1.5
25. 食堂	25.1	环境整洁，无苍蝇、蚊子、积水、蜘蛛网、异味等	1.5
	25.2	生、熟食刀具、案板区分使用	1.5
	25.3	食材有合适的存放环境和方法，无过期变质，保证先入先出	1.5
	25.4	工作人员有健康证明，定期安排体检	1.5
	25.5	餐具要一洗、二冲、三消毒，保证干净卫生	1.5
	25.6	和面机、绞肉机工作部位干净无锈	1.5
	25.7	冰柜、微波炉等器械设施功能良好，干净卫生，无脏污和油垢	1.5
	25.8	工作人员着装符合餐饮要求，指甲干净、头发包好	1.5

续表

项目	序号	标准内容	不符合时扣分
26. 宿舍	26.1	桌、椅、架、柜、床以及四周环境干净卫生，椅子随时归位	1.5
	26.2	通风良好，无异味	1.5
	26.3	无乱悬挂和乱张贴	1.5
	26.4	被褥折叠整齐，床单平整干净	1.5
	26.5	洗漱、护肤用品按照规定摆放整齐，无脏污积灰	1.5
	26.6	烟灰缸和垃圾桶保持干净，及时倾倒保证不超出边缘	1.5
	26.7	有卫生值日等安排，在现场公示并实施	1.5
27. 卫生间	27.1	环境干净、整齐，无异味、积水等	1.5
	27.2	清扫工具整齐悬挂，私人物品不得放置现场	1.5
	27.3	门锁、冲水装置、水龙头功能完好，若有异常要悬挂故障标识和日期，三个工作日内要修理完毕	1.5
	27.4	卫生间的卫生卷纸、洗手液（肥皂）及时补充	1.5
	27.5	清洁人员至少每两小时清扫一次（点检表跟进）	1.5
28. 特殊作业管理	28.1	特殊作业区域有操作提示，并严格按照提示作业	1.5
	28.2	特殊作业人员必须经过相关培训，实行持证上岗	1.5
	28.3	特殊作业人员须按照要求保留培训和工作履历	1.5
29.7S 的宣传贯彻	29.1	配合公司 7S 活动，尊重检查指导人员，态度积极主动	1.5
	29.2	要求部门成员对公司 7S 活动的宣传口号、意义、基本知识有正确认识，能够表述	1.5
	29.3	部门班组长以上管理人员应建立 7S 专用文件夹，保存主要的 7S 活动资料文件	1.5
	29.4	部门应有“7S 宣传栏（或园地）”，有专人负责，定期更换内容	1.5
	29.5	部门经常对员工（含新员工）进行 7S 知识的宣传教育并有记录	1.5
	29.6	部门建立经常性的晨会制度，班组每天班前进行一次，保留晨会记录	1.5
30. 考核和制度化	30.1	工作区域的 7S 责任人划分清楚，无不明责任的区域	1.5
	30.2	设备点检表、7S 区域清扫责任表和点检表要按时、准确填写，不超前、不落后，保证与实际情况相符。	1.5
	30.3	部门应制定本部门“7S 员工考核制度”并切实执行，保存必要记录	1.5
	30.4	生产部门应制定本部门《职业规范》，教育员工严格遵守	1.5

续表

项目	序号	标准内容	不符合时扣分
31. 行为素养	31.1	指甲定期修剪，不留长指甲	1.5
	31.2	不得蓄须。头发定期修剪，过肩时使用发网或盘起	1.5
	31.3	进入工作区域，手脚不佩戴任何饰物，其他部位不佩戴吊悬和挂式饰物	1.5
	31.4	工作场所，手不插入口袋或缩在袖内	1.5
	31.5	劳保用品明确定位，整齐摆放，分类标识	1.5
	31.6	按规定要求穿戴工作服，着装整洁	1.5
	31.7	工作时间不得睡觉、打瞌睡，无串岗、离岗、聚集闲谈、吃零食和大声喧哗	1.5
	31.8	不看与工作无关的书籍、报纸、杂志	1.5
	31.9	在指定区域吸烟，不乱丢烟头	1.5
	31.10	按《员工手册》教育员工，要求员工待人有礼有节，不说脏话，做文明礼貌人	1.5
32. 减分	32.1	同一问题重复出现，重复扣分	1.5
	32.2	发现未实施整理整顿清扫的“7S 实施死角区域”1 处	10
	32.3	其他应该扣分事项（评委集体认定）	1.5
33. 加分	33.1	“金点子”合理化建议一等每项	1.5
	33.2	“金点子”合理化建议二等每项	1
	33.3	“金点子”合理化建议三等每项	0.5
	33.4	合理化人均参与率第一区域	5
	33.5	合理化人均参与率第二区域	3
	33.6	合理化人均参与率第三区域	2
	33.7	其他应该加分事项（部门申报，评委集体认定）	2
总分			

7.5 检验室 7S 管理评分标准

检验室 7S 管理评分标准

检查日期：　　　　　　检查人：　　　　　　　　　第　期

项目	序号	标准内容	不符合时扣分
1. 文件	1.1	实验室应有 7S“三定”、可视化管理标准	1.5
	1.2	实验室 7S“三定”、可视化管理标准内容完整（至少包括实验室 7S 实施指引、7S 点检表、7S 实操手法等）	1.5
	1.3	管理制度文件应放置于指定的、易于员工读取的位置	1.5
	1.4	文件资料应分类归档并做好标识（如斜线、标记线等）	1.5
2. 宣传栏、公告栏、看板	2.1	实验室醒目位置（如实验室入口处）设置看板，及时公布现场改善案例以及相关工作动态，涵盖安全、环保、质量、7S 等管理活动内容	1.5
	2.2	看板中有能反映各班组参与活动的对比情况，及时更新	1.5
	2.3	明确看板管理责任人	1.5

续表

项目	序号	标准内容	不符合时扣分
3. 实验室管理	3.1	实验室平面图张贴于仓库入口醒目位置	1.5
	3.2	实验室平面图应包含分区规划、逃生路线及集合位置	1.5
	3.3	实验室应建立管理规范和操作说明	1.5
	3.4	应规定区域清扫负责人及清扫时间表	1.5
	3.5	有清扫检查记录并符合规定要求	1.5
	3.6	清洁用具用完后应放入清洁柜或指定场所	1.5
	3.7	配备温、湿度监控仪器并有定时记录	1.5
	3.8	温、湿度符合物品储存要求	1.5
	3.9	实验室应根据要求配备紧急淋浴器 / 洗眼器等防护措施	1.5
	3.10	不应有物品伸入或占用通道，所有通道及出口应保持畅通无阻	1.5
	3.11	紧急逃生门位置应被清楚标识	1.5
	3.12	各安全出口前不能有物品堆积	1.5
	3.13	安全逃生指示牌安放于符合要求的位置（离地面高 30cm），并处于完好可用状态	1.5
	3.14	照明应急灯数量符合要求（每个出口至少一个），并处于良好待用状态	1.5
	3.15	消防满足存货特性需要（如按 MSDS 要求配备消防器具）	1.5
	3.16	所有消防设施设备应处于正常运作状态	1.5
	3.17	灭火器应放置在指定位置，每月至少进行一次检查，以确保运作正常	1.5
	3.18	消火栓的前面和下面不能有物品堆放	1.5
	3.19	不应存在火种遗留	1.5
	3.20	应按安全规范要求配备个人防护用品（如工作服 / 安全鞋）	1.5
	3.21	个人防护用品应有定期更新及检查记录（如安全鞋、头盔、安全带、吊运索带、手套等）	1.5
	3.22	空调、电梯等大型设施设备的开关及使用应指定专人负责或制定相关规定	1.5
	3.23	电源线应用专业电线槽或套管布线，不得直接接触地面	1.5
	3.24	电源、线路、开关、插座无异常现象出现	1.5

续表

项目	序号	标准内容	不符合时扣分
4. 样品、试剂（药品）管理	4.1	样品、试剂（药品）整齐码放于定位区内	1.5
	4.2	样品、试剂（药品）无积尘、杂物、脏污	1.5
	4.3	样品标签内容完整(至少包含取样日期、批次号等信息）	1.5
	4.4	试剂标签内容完整（至少包含名称、浓度、配制人、配制日期、有效期等）	1.5
	4.5	应定期盘点确保账实一致并有盘点记录	1.5
	4.6	有药品有效期管理并确保处于有效期	1.5
	4.7	危险（化学）品应有明显标识且分开放置，确定责任人	1.5
	4.8	危险（化学）品应具备 MSDS（安全技术说明书）	1.5
	4.9	危险（化学）品管理应符合国家法规要求（如来源、收发存管理等）	1.5
5. 设备、仪器	5.1	有设备仪器台账，并包含必要信息（名称、编号、存放位置）	1.5
	5.2	应有设备操作指引，置于醒目位置	1.5
	5.3	应有设备责任人及设备点检表，点检表记录符合要求	1.5
	5.4	设备仪器运行状态清楚（停用、维修等）	1.5
	5.5	设备仪器应“有名有家”，实施定位管理	1.5
	5.6	在用设备仪器处于标定有效期	1.5
	5.7	设备仪器应进行编号管理	1.5
6. 地面	6.1	地上无垃圾、无杂物，无污渍、污染（积水、油污、油漆等）	1.5
	6.2	地面平整，安全隐患处（突出物、地坑等）应有防范或警示措施	1.5
	6.3	安全警示区划分清晰，有明显警示标识	1.5
	6.4	定位区域划分符合实验室 7S 管理标准、标识明确，区域线、标识清晰无剥落	1.5
	6.5	地面所有可移动的物品均应按标识进行定位摆放	1.5
	6.6	物品使用后应存放于定位区域内，无压线、越线	1.5
7. 门、窗	7.1	门扇、窗户无破损，玻璃保持明亮干净，无乱张贴现象	1.5
	7.2	窗帘保持干净、无破损且高度保持一致	1.5
	7.3	窗台上如摆放有物品，应遵守统一的物品摆放规范	1.5
	7.4	有门牌标识，开门线标识明确	1.5

续表

项目	序号	标准内容	不符合时扣分
8. 墙	8.1	墙身保持干净，无脏污、乱画，无不要物（如过期标语、封条、蜘蛛网等）粘贴、悬挂	1.5
	8.2	电器开关处于安全状态，标识明确	1.5
	8.3	墙身贴挂应保持整齐，表单、通知定位在公告栏内	1.5
	8.4	墙体无破损	1.5
9. 天花板	9.1	破损处及时修复，没有剥落	1.5
	9.2	没有吊着不要物（如蜘蛛网等），无积灰	1.5
	9.3	叉车、行吊等操作员应有符合专业要求的资质	1.5
10. 员工行为	10.1	有员工状态管理看板（如请假、在岗等，适用于大型公司实验室或人员较多的情况）	1.5
	10.2	工人应按规定佩戴个人防护用品	1.5
	10.3	工作区域内无人吸烟	1.5
	10.4	工作服整洁且无破损	1.5
	10.5	没有做与工作无关的事项（看书报、玩手机等）	1.5
11. 减分	11.1	同一问题重复出现，重复扣分	1.5
	11.2	发现未实施整理整顿清扫的“7S 实施死角区域”1 处	10
	11.3	其他应该扣分事项（评委集体认定）	1.5
12. 加分	12.1	“金点子”合理化建议一等每项	1.5
	12.2	“金点子”合理化建议二等每项	1
	12.3	“金点子”合理化建议三等每项	0.5
	12.4	合理化人均参与率第一区域	5
	12.5	合理化人均参与率第二区域	3
	12.6	合理化人均参与率第三区域	2
	12.7	其他应该加分事项（部门申报，评委集体认定）	2
总分			

7.6 仓库、工具房 7S 评分标准

仓房、工具房 7S 评分标准

检查日期：　　　　检查人：　　　　　　第　期

项目	序号	标准内容	不符合时扣分
1. 室内地面	1.1	地面有高差的地方应有明显的防绊提示且标准统一	1.5
	1.2	地面无破损、坑洼、老鼠洞、动物尸体和动物粪便	1.5
	1.3	地面无积水、积灰、油渍	1.5
	1.4	地面无纸张、碎屑、烟蒂、痰迹及其他杂物	1.5
2. 墙面	2.1	墙身无破损、脱落、开裂、倾斜、渗水、脱漆、霉斑	1.5
	2.2	墙面保持干净，无蜘蛛网、积尘	1.5
	2.3	墙面无乱涂、乱画、乱贴、手脚印，无陈旧标语痕迹	1.5
	2.4	库房管理制度上墙	1.5
3. 通道	3.1	通道划分明确，保持通畅，无障碍物，不占道作业	1.5
	3.2	两侧物品不超过通道线	1.5
	3.3	通道线及标识保持清晰完整，无破损	1.5
	3.4	应急通道指示醒目，无堵塞	1.5

续表

项目	序号	标准内容	不符合时扣分
4. 区域划分	4.1	仓库和工具间内有明显的区域划分，应急装备及物资应摆放在独立区域	1.5
	4.2	区域按使用类别划分，如备品备件、工器具、日常材料等	1.5
	4.3	区域线清晰可见，有明确的区域说明	1.5
	4.4	物架存放区域应采取分区、分架、分层划分，有相应的区域指示，查找快捷	1.5
	4.5	危险化学物品区域应有特定存放要求	1.5
	4.6	各区域应配置物资台账清单，放在货架或库房办公桌明显位置	1.5
5. 办公设施	5.1	饮水机、空调、电脑、打印机、传真机、碎纸机等保证正常状态，有异常时必须有明显标识	1.5
	5.2	办公设施保持干净，明确责任人	1.5
	5.3	办公设备使用有必要的温馨提示，比如空调有明显的环保要求，饮水机有“小心烫手”等提示	1.5
	5.4	办公电话有明确定位，有明确本机号码标注	1.5
	5.5	对于存放环境有特殊要求的备件、设备、工器具、物资等，要保证存放温度、湿度、光线、空气粉尘颗粒度等要求	1.5
6. 门窗	6.1	门窗玻璃保持干净明亮、玻璃无损坏	1.5
	6.2	窗台无杂物（除盆栽外）摆放	1.5
	6.3	门窗、窗帘保持干净	1.5
	6.4	门窗玻璃无乱贴现象	1.5
	6.5	有明显的防撞标识，比如防撞线、轨迹线等	1.5
	6.6	门上有明显的“推”“拉”“开关”等标识	1.5
	6.7	房间门栏有明显的防绊提示	1.5
	6.8	门窗结构完好，无损坏、变形和锈蚀	1.5
	6.9	门禁系统正常，门禁开关有明确提示	1.5
	6.10	库房通风良好	1.5

续表

项目	序号	标准内容	不符合时扣分
7. 天花板	7.1	保持干净、无脏污	1.5
	7.2	没有无关悬挂物	1.5
	7.3	照明设施完好、灯罩内无积灰和破损	1.5
	7.4	天花板无渗漏	1.5
	7.5	天花板无脱落、掉漆	1.5
	7.6	天花板与墙角无蜘蛛网	1.5
	7.7	对于有行吊的仓库要定期对行吊进行保养，按国家规定进行定期检测	1.5
8. 物资管理	8.1	物资分类摆放整齐，如备品备件房、工器具房、应急物资房	1.5
	8.2	物资摆放定位规范，有明显的空间分区和隔离	1.5
	8.3	物资摆放采取分层、分结构式摆放，比如采取库位—架位—层位—货位等方式	1.5
	8.4	标识要整齐、准确、无遗漏（名称、规格、单位、数量、用途）	1.5
	8.5	保持物资无积灰、无锈蚀、金属件做了防锈润滑保养	1.5
	8.6	在收、发料后及时调整标识牌的库存数量	1.5
	8.7	物资摆放有目视化管理，做到定量管理和提示	1.5
	8.8	物资摆放应充分考虑环境因素，比如大件物品摆放靠近出口和通道处，便于取放	1.5
	8.9	按规定控制环境温、湿度，配置温、湿度计	1.5
	8.10	应急物资定期保养、维护	1.5
	8.11	若应急物资出现故障损坏，要在 7 个工作日内落实处理措施；应急物资要落实保养责任人	1.5
	8.12	出入库及时登记。确保库内物资使用状态，做到出入有登记	1.5
	8.13	明确物资出入库房管理程序。对管理处配置或站场自行采购的备件和工器具等，由兼职管理人员做好验、收货登记	1.5
	8.14	开展月度实物盘点制，做好备件申请领用和工器具补充计划，更新月度库存数据	1.5

续表

项目	序号	标准内容	不符合时扣分
9. 开关、配电箱	9.1	开关、控制面板标识清晰，控制对象明确	1.5
	9.2	设备干净，定位摆放整齐，无多余物	1.5
	9.3	设备明确责任人员，坚持日常点检，有必要的记录	1.5
	9.4	应保证处于正常使用状态，非正常状态应有明显标识	1.5
	9.5	合理布线，集束整理	1.5
	9.6	配电箱有明确统一的标识标牌	1.5
10. 箱柜	10.1	柜面标识明确，与柜内分类对应	1.5
	10.2	柜内物品分类摆放，明确品名	1.5
	10.3	各类工具保持完好、清洁，保证使用性	1.5
	10.4	各类工具使用后及时归位，有形迹化管理	1.5
	10.5	柜顶无杂物，柜身保持清洁	1.5
11. 消防设施	11.1	摆放位置明显，标识清楚	1.5
	11.2	位置设置合理，有禁止阻塞线，线内无障碍物	1.5
	11.3	状态完好，按要求摆放，外观干净整齐	1.5
	11.4	有责任人及定期点检记录	1.5
	11.5	消防器材有明确的使用说明	1.5
	11.6	紧急出口标识明确，逃生指示醒目	1.5
12. 库房平面布置图	12.1	仓库、工具间内必须配置正确对应的平面布置图	1.5
	12.2	布置图必须及时更新	1.5
	12.3	布置图无破损、脱落	1.5
	12.4	布置图应有明确的区域用途说明	1.5
13. 容器、货架	13.1	容器、货架等应保持干净，物品分类定位摆放整齐	1.5
	13.2	存放标识清楚，张贴于容易识别的地方	1.5
	13.3	容器、货架本身标识明确，无过期及残余标识	1.5
	13.4	容器、货架无破损，无严重变形	1.5
	13.5	放置区域合理划分，使用容器合理	1.5

续表

项目	序号	标准内容	不符合时扣分
14. 危险品	14.1	有明确的摆放区域，分类定位，标识明确	1.5
	14.2	隔离摆放，远离火源并有专人管理	1.5
	14.3	有明显的警示标识	1.5
	14.4	非使用时应存放于指定区域内	1.5
	14.5	危险容器搬运时应有安全措施和注意事项	1.5
	14.6	有良好通风环境	1.5
	14.7	有明确的应急处置措施规定和提示	1.5
	14.8	有明确的危险品管理制度	1.5
15. 楼梯	15.1	楼梯有明显的“防止踏空”和“小心台阶”提示	1.5
	15.2	楼梯采用玻璃围栏的应有明显的防撞提示	1.5
	15.3	楼梯台阶无损坏、脱落	1.5
16. 其他辅助设施	16.1	风扇、照明灯、空调等按要求放置，清洁无杂物，无安全隐患	1.5
	16.2	日用电器无人时应关掉，无浪费现象	1.5
	16.3	门窗及玻璃等各种公共设施干净无杂物	1.5
	16.4	废弃设备及电器应标识状态，及时清理	1.5
	16.5	保持设施完好、干净	1.5
17. 加减分	17.1	同一问题多次出现，重复扣分	5
	17.2	发现未实施整理、整顿、清扫的“未实施整理、整顿的死角”每 1 处	5
	17.3	7S 检查问题整改完成率要达到 85% 以上	2
	17.4	有突出成绩的事项（如创意奖项），视情况加分	每项加 2 分
总分			

7.7 办公区 7S 管理评分标准

办公区 7S 管理评分标准

检查日期：　　　　　　检查人：　　　　　　　　　　第　期

项目	序号	标准内容	不符合时扣分
1.1 地面	1.1.1	办公设施通道畅通明确	1.5
	1.1.2	地上无垃圾、无杂物，保持清洁	1.5
	1.1.3	暂放物有“暂放标识牌”	1.5
	1.1.4	物品存放于定位区域内	1.5
	1.1.5	地面无积水	1.5
	1.1.6	地面的安全隐患处（突出物、地坑等）应有防范或警示措施	1.5
1.2 门、窗	1.2.1	门扇、窗户玻璃保持明亮干净，无乱张贴的现象	1.5
	1.2.2	窗帘保持干净	1.5
	1.2.3	窗台无杂物	1.5
	1.2.4	门窗、窗帘无破损	1.5
	1.2.5	有门牌标识，每层楼道要有平面布置图	1.5
	1.2.6	来宾（外人）来往区域要有相关提示和指引	1.5
1.3 墙	1.3.1	保持干净，无脏污、乱画	1.5
	1.3.2	无不要物悬挂	1.5
	1.3.3	电器开关处于安全状态，标识明确	1.5
	1.3.4	墙身贴挂应保持整齐，表单、通知定位在公告栏内	1.5
	1.3.5	墙体破损处及时修理	1.5
	1.3.6	没有蜘蛛网、脚印及污垢等	1.5
1.4 天花板	1.4.1	破损处及时修复，没有剥落	1.5
	1.4.2	没有吊着不要物	1.5

续表

项目	序号	标准内容	不符合时扣分
2.1 办公桌、椅	2.1.1	办公桌定位摆放，隔断整齐	1.5
	2.1.2	抽屉应分类标识，标识与物品相符	1.5
	2.1.3	台面保持干净，无灰尘杂物，无规定以外的物品	1.5
	2.1.4	台面物品按定位摆放（除正在使用外），不拥挤凌乱	1.5
	2.1.5	人员下班或离开工作岗位 10 分钟以上，台面物品、办公椅归位	1.5
	2.1.6	办公抽屉不杂乱，公、私物品分类定置	1.5
	2.1.7	与正进行的工作无关的物品应及时归位	1.5
	2.1.8	玻璃下压物尽量减少并放整齐，不压日历、电话表以外的资料	1.5
2.2 电器、电线、开关、电灯	2.2.1	开关、插头需有控制对象标识，无安全隐患	1.5
	2.2.2	保持干净，无灰尘、油垢或蜘蛛网	1.5
	2.2.3	电线布局合理整齐、无安全隐患（如裸线、上挂物等）	1.5
	2.2.4	电器检修时需有警示标识	1.5
	2.2.5	线束尽量不落地，整齐扎起，落地要采取一定措施防止踩压或绊倒人	1.5
2.3 垃圾桶	2.3.1	定位摆放，标识明确	1.5
	2.3.2	保持干净，垃圾不超出容器口	1.5
2.4 盆栽（包括台上摆设的）	2.4.1	盆栽须定位（无需定位线）	1.5
	2.4.2	盆栽周围干净、美观	1.5
	2.4.3	盆栽状态良好，叶子保持干净，无枯叶、死叶	1.5
	2.4.4	盆栽容器干净	1.5
3.1 卫生间	3.1.1	环境干净、整齐、无异味、无积水等	1.5
	3.1.2	清扫工具整齐悬挂，私人物品不得放置现场	1.5
	3.1.3	门锁、冲水装置、水龙头功能完好，有异常要悬挂故障标识和日期，3 个工作日内要修理完毕	1.5
	3.1.4	卫生间的卫生卷纸、洗手液（肥皂）及时补充	1.5
	3.1.5	清洁人员至少每两小时清扫一次（点检表跟进）	1.5
3.2 茶水间、饮水区	3.2.1	地面无积水	1.5
	3.2.2	整洁、卫生	1.5
	3.2.3	饮水器每月至少消毒一次，保存相关记录	1.5
	3.2.4	水杯、水瓶定位、标识	1.5
3.3 其他办公设施	3.3.1	空调、电脑、复印机、传真机、碎纸机等保持正常状态，有异常时做出明显标识	1.5
	3.3.2	保持干净	1.5
	3.3.3	明确责任人	1.5
	3.3.4	设施设备、管道上不得放杂物	1.5

续表

项目	序号	标准内容	不符合时扣分
3.4 公告栏、看板	3.4.1	公司主要部门应有看板(如“人员去向板”“管理看板”等)	1.5
	3.4.2	做好版面设置，标题明确，有责任人	1.5
	3.4.3	无过期张贴物	1.5
	3.4.4	员工去向管理看板及时填写、擦除	1.5
	3.4.5	笔刷齐备，处于可使用状态	1.5
	3.4.6	内容充实，及时更新	1.5
4.1 文件资料管理	4.1.1	定位分类放置	1.5
	4.1.2	按规定标识清楚，明确责任人	1.5
	4.1.3	夹（盒）内文件定期清理、归档	1.5
	4.1.4	文件夹（盒）保持干净	1.5
	4.1.5	文件归入相应文件夹（盒）	1.5
	4.1.6	电子文档命名符合公司要求，及时清理	1.5
	4.1.7	设有 5 分钟屏幕保护程序，关键文件有加密管理	1.5
	4.1.8	电脑 C 盘无存放文档，D 盘存档符合公司要求	1.5
4.2 文件柜（架）	4.2.1	文件柜分类标识清楚，明确责任人	1.5
	4.2.2	文件柜保持干净，柜顶无积尘、杂物	1.5
	4.2.3	文件柜里物品放置整齐	1.5
	4.2.4	文件柜内物品、资料应分区定位，标识清楚	1.5
4.3 生活用品、私人物品	4.3.1	定位标识，整齐摆放，公、私物品分开	1.5
	4.3.2	水壶、水杯按要求摆放整齐，保持干净	1.5
	4.3.3	允许放置的私人用品按要求摆放整齐，保持干净	1.5
4.4 闲置物资（呆料）	4.4.1	有明确的摆放区域并予以分隔	1.5
	4.4.2	应有明显标识	1.5
	4.4.3	做好防尘及清扫工作，保证整洁及完好状态	1.5
4.5 消防设施 / 器材	4.5.1	消防器材摆放位置明显，标识清楚	1.5
	4.5.2	位置设置合理，有红色警示线，线内无障碍物	1.5
	4.5.3	状态完好，按要求摆放，干净整齐	1.5
	4.5.4	有责任人及定期点检	1.5
	4.5.5	消防通道提示明显，通畅无阻，便于逃生	1.5

续表

项目	序号	标准内容	不符合时扣分
5.1 7S 的宣传贯彻	5.1.1	配合公司 7S 活动，尊重检查指导人员，态度积极主动	1.5
	5.1.2	要求部门成员对公司 7S 活动的宣传口号、意义、基本知识有正确认识，能够表述	1.5
	5.1.3	部门班组长以上管理人员应建立 7S 专用文件夹，保存主要的 7S 活动资料文件	1.5
	5.1.4	部门应有“7S 宣传栏（或园地）”，有专人负责，定期更换内容	1.5
	5.1.5	部门经常对员工（含新员工）进行 7S 知识的宣传教育并有记录	1.5
	5.1.6	部门建立经常性的晨会制度，班组每天班前进行一次，保留晨会记录	1.5
5.2 考核和制度化	5.2.1	工作区域的 7S 责任人划分清楚，无不明责任的区域	1.5
	5.2.2	7S 区域清扫责任表和点检表要按时、准确填写，不超前、不落后，保证与实际情况相符	1.5
	5.2.3	部门应制定本部门“7S 员工考核制度”并切实执行，保存必要记录	1.5
5.3 行为素养	5.3.1	工作时间不得睡觉、打瞌睡	1.5
	5.3.2	办公用品明确定位，整齐摆放，分类标识	1.5
	5.3.3	按规定要求穿戴工作服，着装整洁	1.5
	5.3.4	无串岗、离岗、聚集闲谈、吃零食和大声喧哗	1.5
	5.3.5	不看与工作无关的书籍、报纸、杂志	1.5
	5.3.6	在指定区域吸烟，不乱丢烟头	1.5
	5.3.7	按《员工手册》教育员工，要求员工待人有礼有节，不说脏话，做文明礼貌人	1.5
6.1 减分	6.1.1	同一问题重复出现，重复扣分	1.5
	6.1.2	发现未实施整理、整顿、清扫的“7S 实施死角区域”1 处	10
	6.1.3	其他应该扣分事项（评委集体认定）	1.5
6.2 加分	6.2.1	“金点子”合理化建议一等每项	1.5
	6.2.2	“金点子”合理化建议二等每项	1
	6.2.3	“金点子”合理化建议三等每项	0.5
	6.2.4	合理化人均参与率第一区域	5
	6.2.5	合理化人均参与率第二区域	3
	6.2.6	合理化人均参与率第三区域	2
	6.2.7	其他应该加分事项（部门申报，评委集体认定）	2
总分			

7.8 员工宿舍 7S 管理评分标准

员工宿舍 7S 管理评分标准

检查日期：　　　　检查人：　　　　第　期

项目	序号	标准内容	不符合时扣分
1. 室内地面	1.1	地面无垃圾、杂物	3
	1.2	地面无明显脏污	2
	1.3	清洁用具定位放置	1
	1.4	垃圾不超出容器口	2
2. 宿舍公共设施	2.1	手摸桌、椅和床无灰尘	2
	2.2	桌面物品摆放整齐	2
	2.3	人员离开桌面后物品、椅子归位	1
	2.4	宿舍空床上物品摆放整齐	3
	2.5	电灯、空调等无明显灰迹	2
	2.6	电灯、水龙头、空调人走后及时关掉	2
3. 门、窗	3.1	随手锁门	2
	3.2	手摸窗户玻璃、门无灰尘	2
	3.3	窗台无杂物	1
	3.4	门、窗无脏污、乱画现象	2
4. 墙、天花板	4.1	无蜘蛛网、脏污现象	2
	4.2	墙体不乱贴、乱刻、乱画	2
5. 床	5.1	被褥叠放整齐，床单目视无污渍	3
	5.2	床上其他物品摆放整齐	2
	5.3	床下鞋子摆放整齐	3
6. 卫生间	6.1	洗漱用品摆放整齐	2
	6.2	洗手池白净无污渍	2
	6.3	卫生间地面洁净，无明显污渍	2
	6.4	便池白净无污渍	2
	6.5	卫生间盆、桶摆放整齐	2

续表

项目	序号	标准内容	不符合时扣分
7. 其他行为规范	7.1	宿舍内不得有违禁物品	3
	7.2	衣袜及时清洗，房间无异味	3
	7.3	有值日安排	1
	7.4	不在宿舍内私拉、乱接电线	3
	7.5	充电设备充电时无覆盖衣物或周围无其他易燃物品	2
	7.6	不在宿舍内吸烟	每个烟头扣 1 分
8. 加分	8.1	对宿舍环境美化有创意	每项 2 分
总分			

7.9 食堂 7S 管理评分标准

食堂 7S 管理评分标准

检查日期：　　　　　　检查人：　　　　　　　　　　第　期

项目	序号	标准内容	不符合时扣分
1. 地面	1.1	通道畅通	1
	1.2	地上无垃圾、杂物等	1
	1.3	物品存放在定位区域内	1
2. 门、窗	2.1	窗台无杂物	1
	2.2	手摸无灰尘、油渍	1
	2.3	无脏污、乱画现象	1
3. 墙	3.1	墙体损坏处及时上报	1
	3.2	无蜘蛛网、掉灰	1
4. 柜、桌、椅	4.1	手摸无灰尘及油渍	1
	4.2	物品定位摆放（除正在使用外）	1
	4.3	人员离开桌面后物品和桌椅归位	1
	4.4	抽屉有分类标识，标识与物品相符	1
5. 绞肉机	5.1	正常使用时表明使用状态	1
	5.2	机芯无剩余肉碎	1
	5.3	未使用时电源切断	1
	5.4	使用状态下盖好盖子	1
6. 冰柜	6.1	物品存放整洁	1
	6.2	熟食与生食区分存放	1
	6.3	未使用时电源切断	1

续表

项目	序号	标准内容	不符合时扣分
7. 其他设备	7.1	异常时有标识	1
	7.2	标明责任人	1
	7.3	手摸窗户玻璃无灰尘及油渍	1
	7.4	手摸空调、电脑等无灰尘及油渍	1
8. 公告栏	8.1	无过期张贴物	1
	8.2	公告栏中内容及时填写	1
9. 食物、配料	9.1	食物、配料目视无杂物等	1
	9.2	熟食和生食分类区分，定位摆放	1
	9.3	刀具区分使用用途，荤菜和素菜使用不同刀具	1
10. 炊事用具	10.1	切菜板区分使用用途，荤菜和素菜使用不同切菜板	1
	10.2	未使用时，定位存放，有标识	1
	10.3	手摸餐具无灰尘及油渍	1
11. 餐具	11.1	餐具分类定位摆放	1
	11.2	餐具经过一洗、二冲、三消毒	1
12. 环境	12.1	餐厅及食堂无苍蝇、蚊虫、蟑螂等	0.02 分 / 只
	12.2	餐厅及食堂无异味	1
13. 服装、着装	13.1	不穿时存放（定挂）规定区域	1
	13.2	有规定着装的部门按规定着装，无规定着装部门着装整齐	1
	13.3	按规定佩带工牌	1
14. 相应规章	14.1	严格执行洗菜流程	1
	14.2	严格执行餐具清洁流程	1
	14.3	严格执行蒸饭流程	1
	14.4	配合公司“7S”活动	1
	14.5	厉行节约，及时发现长流水、长明灯	1
15. 清洁用具、用品	15.1	清洁用具、用品定位摆放，标识明确	1
	15.2	干净，容器内垃圾及时倾倒	1
16. 加减分	16.1	同一问题多次出现，重复扣分	1
	16.2	发现未实施整理、整顿、清扫的“7S 未实施整理、整顿的死角”每 1 处	10
	16.3	有突出成绩的事项（如创意奖项），视情况加分	加 2 分
总分			

7.10 金切类设备点检表

金切类设备点检表										设备编号						设备名称						规格型号						日期					
																												年 月					
记录符号：完好√ 异常△ 待修× 停机 /			1	2	3	4	5	6	7	8	9	10	11	12	13	14	15	16	17	18	19	20	21	22	23	24	25	26	27	28	29	30	31
开车前准备	准备	1.各操纵机构、按钮等是否工作正常																															
		2.防护装置是否齐全，各部位加油																															
	空运转	1.是否有异常响声或震动																															
		2.指示灯、机械系统、润滑系统、冷却系统工作是否正常																															
运行中检查	机械设备	1.有无异常音、升温、震动等异常情况																															
		2.操作系统是否灵活可靠																															
		3.皮带松紧度是否合适																															
		4.润滑系统、冷却系统是否正常																															
	工件装备	1.工件是否夹紧																															
		2.较大、较重工件、夹具装卸是否有保护措施																															
		3.刀具是否有磨损																															
停车后检查	擦洗保养	1.电源是否关闭																															
		2.工件、废料是否清理干净																															
		3.设备是否清洁、保养																															
		4.较大、较重工件、夹具保养时是否有保护措施																															
		5.现场是否整理并符合定置要求																															
		6.运行记录等表单是否填写完整																															
备注：		点检人																															

7.11 焊接设备点检表

焊接设备点检表

记录符号：完好√　异常△　待修×　停机 /

设备编号　　设备名称　　规格型号　　日期　年　月

			1	2	3	4	5	6	7	8	9	10	11	12	13	14	15	16	17	18	19	20	21	22	23	24	25	26	27	28	29	30	31
开车前准备	准备	1.各操作运行部位、按键是否正常，防护装置是否齐全																															
		2.数据选择是否正确																															
		3.润滑油是否足够，自动分水器底部是否堵塞																															
	空运转	1.是否有异常响声或震动，气压是否在0.5MPa以上																															
		2.工作是否正常，操作是否灵敏																															
		3.各指示系统工作是否正常，保护接地是否正常																															
运行中检查	机械设备	1.有无异音、温升、震动等异常情况																															
		2.焊接过程条件选择是否稳定																															
		3.润滑、冷却系统是否正常(点焊设备)																															
		4.程序执行有无错误，显示屏有无故障显示(点焊设备)																															
	工件装备	1.电极头是否符合焊接要求																															
		2.工装是否能保证焊接质量																															
停车后检查	擦洗保养	1.电源是否关闭																															
		2.工件、废料是否清理干净，设备是否清洁保养																															
		3.现场是否整理并符合定置要求																															
		4.运行记录等表单是否填写完整																															
备注：			点检人																														

7.12 液压机类设备点检表

液压机类设备点检表

设备编号	设备名称	规格型号	日期
			年　月

记录符号：完好√　异常△　待修×　停机 /			1	2	3	4	5	6	7	8	9	10	11	12	13	14	15	16	17	18	19	20	21	22	23	24	25	26	27	28	29	30	31
开车前准备	准备	1.各按钮、开关、阀门限位装置是否可靠																															
		2.防护装置是否齐全，油液是否充足、良好																															
	空运转	1.液压系统压力是否正常，工作梁运动是否灵活																															
		2.各紧固件是否牢固，操作阀与安全阀是否灵敏可靠																															
		3.是否有异常响声或震动，各指示灯是否正常																															
注意!		油缸活塞发生抖动或油泵发生尖叫时必须排出气体																															
运行中检查	机械设备	1.有无异常音、升温、震动等异常情况																															
		2.立柱螺母是否紧固																															
		3.液压、润滑系统是否正常																															
		4.按钮、操作阀、安全阀是否正常																															
		5.限位、安全装置是否正常																															
	工件装备	1.工件、模具是否放在工作台中心并与主心轴同心，摆放平稳																															
		2.模具是否压紧、牢固																															
		3.长、大工件是否用支架支撑稳定																															
停车后检查	擦洗保养	1.按工作油泵、控制油泵、控制电源、总电源的顺序停机																															
		2.不用模具是否卸下，工件、废料是否清理干净																															
		3.设备是否清洁、保养，现场是否整理且符合定置要求																															
		4.运行记录等表单是否填写完整																															
备注：		点检人																															

7.13 数铣加工中心类设备点检表

数铣加工中心类设备点检表

设备编号	设备名称	规格型号	日期
			年 月

记录符号：完好√ 异常△ 待修× 停机 /			1	2	3	4	5	6	7	8	9	10	11	12	13	14	15	16	17	18	19	20	21	22	23	24	25	26	27	28	29	30	31
开车前准备	准备	1.各操作运行部位、按键是否正常，防护装置是否齐全																															
		2.气压值是否在0.7MPa~1MPa之间、工件是否正常																															
		3.润滑油是否足够，自动分水器底部是否堵塞																															
	空运转	1.是否有异常响声或震动,气压是否在0.5MPa以上																															
		2.散热风扇是否正常，防尘过滤网是否清洁																															
		3.各指示系统工作是否正常，保护接地是否正常																															
运行中检查	机械设备	1.有无异音、温升、震动等异常情况																															
		2.润滑、冷却系统是否正常																															
		3.导轨、镶条是否松动																															
		4.程序执行有无错误，显示屏有无故障显示																															
	工件装备	1.夹具是否压紧、牢固																															
		2.工件安装是否稳定、牢固																															
		3.刀具是否有磨损																															
停车后检查	擦洗保养	1.电源是否关闭																															
		2.工件、废料是否清理干净，设备是否清洁保养																															
		3.现场是否整理并符合定置要求																															
		4.不用夹具、工具是否卸下																															
		5.运行记录等表单是否填写完整																															
备注：		点检人																															

7.14 冲压类设备点检表

冲压类设备点检表			设备编号							设备名称						规格型号						日期					
																						年			月		

记录符号：完好√ 异常△ 待修× 停机 /			1	2	3	4	5	6	7	8	9	10	11	12	13	14	15	16	17	18	19	20	21	22	23	24	25	26	27	28	29	30	31
开车前准备	准备	1.各操作运行部位、按键是否正常																															
		2.防护装置是否齐全																															
	空运转	1.是否有异常响声或震动																															
		2.各指示灯是否正常																															
		3.油压、油量是否正常，气压是否在0.5MPa以上																															
		4.模具装夹是否安全、可靠																															
运行中检查	机械设备	1.夹紧结构是否正常																															
		2.有无异常音、升温、震动等异常情况																															
		3.皮带松紧程度是否灵敏可靠																															
		4.脚踏开关等是否灵敏可靠																															
		5.润滑系统是否正常																															
	工件装备	1.模具是否安全可靠，压板是否可靠																															
		2.脚料是否顺畅，有无拉伤等情况																															
停车后检查	擦洗保养	1.电源是否关闭，不用模具是否卸下																															
		2.工件、废料是否清理干净，设备是否清洁、保养																															
		3.现场是否整理并符合定置要求																															
		4.运行记录等表单是否填写完整																															
备注：		点检人																															

参考文献

[1] 聂云楚 . 如何推进 5S[M]. 深圳：海天出版社，2001.

[2] 聂云楚，余弟录，孙亚彬 .6S 实战手册 [M]. 深圳：海天出版社，2004.

[3] 罗仕文，聂云楚，玄熙平 .6S 督导师实用手册 [M]. 深圳：海天出版社，2007.

[4] 深圳市立正管理咨询有限公司 . 石油化工企业 7S 管理规范手册 [M]. 北京：中国电力出版社，2022.

[5] 深圳市立正管理咨询有限公司 . 燃机发电企业 7S 管理规范手册 [M]. 北京：中国电力出版社，2022.

[6] 深圳市立正管理咨询有限公司 . 火力发电企业 7S 管理规范手册 [M]. 北京：中国电力出版社，2022.

[7] 韦彦华，杨爱民 .7S 现场管理督导师手册 [M]. 北京：企业管理出版社，2023.

[8] 中国华电集团公司 . 发电企业 7S 管理 [M]. 北京：中国电力出版社，2014.

[9] 中国华电集团公司 . 发电企业 7S 管理技术规范与制度汇编 [M]. 北京：中国电力出版社，2016.

[10] 中华人民共和国国家能源局 .DL/T 1123-2009 火力发电企业生产安全设施配置 [S]. 北京：中国电力出版社，2009.

[11] 发电企业精益管理体系构建与案例选编编委会 . 发电企业精益管理体系构建与案例选编（上下册）[M]. 广州：广东经济

出版社，2022.

[12] 中华人民共和国国家质量监督检验检疫总局，中国国家标准化管理委员会 .GB 2894−2008 安全标志及其使用导则 [S]. 北京：中国标准出版社，2009.

[13] 中华人民共和国国家质量监督检验检疫总局，中国国家标准化管理委员会 .GB 2893−2008 安全色 [S]. 北京：中国标准出版社，2008.

[14] 中华人民共和国国家质量监督检验检疫总局 .GB 7231−2003 工业管道的基本识别色、识别符号和安全标识 [S]. 北京：中国标准出版社，2003.

鸣谢

中国运载火箭技术研究院	恒力集团
中联重科股份有限公司	靖远第二发电有限公司
株洲南车时代电气股份有限公司	东北制药集团股份有限公司
太原钢铁集团有限公司	康佳集团股份有限公司
中国铁路成都局集团有限公司	中国航天科工集团第二研究院
华电国际电力股份有限公司 邹县发电厂	福建华电可门发电有限公司
中国南方电网有限责任公司	华润三九医药股份有限公司
武汉钢铁集团有限公司	美的集团股份有限公司
中国铁路武汉局集团有限公司	航天动力技术研究院
浙江浙能台州第二发电有限责任公司	广东大唐国际雷州发电有限责任公司
江苏金方圆数控机床有限公司	江苏洋河酒厂股份有限公司
唐山东海钢铁集团有限公司	深圳市金百泽电子科技股份有限公司
中国铁路济南局集团有限公司	中国空间技术研究院
陕西清水川能源股份有限公司	福建省鸿山热电有限责任公司
杭州汽轮机股份有限公司	深圳迈瑞生物医疗电子股份有限公司
中国南玻集团股份有限公司	杭州鸿雁电器有限公司
宁波海运股份有限公司	中国兵器装备集团有限公司
天津华能杨柳青热电有限责任公司	陕西渭河发电有限公司
金鹰重型工程机械股份有限公司	深圳海王药业有限公司
耀皮工程玻璃有限公司	伊莱克斯（中国）电器有限公司
深圳市地铁集团有限公司	四川航天技术研究院
宁夏枣泉发电有限责任公司	黄河水利水电开发集团有限公司
扬州电力设备修造厂有限公司	中国工程物理研究院

广东南方东海钢铁有限公司	稳健医疗用品股份有限公司
浙江申苏浙皖高速公路有限公司	惠州则成技术有限公司
汉江水利水电（集团）有限责任公司	上海航天技术研究院
力劲集团	福建棉花滩水电开发有限公司
黑龙江建龙钢铁有限公司	中国储备粮管理集团有限公司
河北省高速公路京秦管理处	深圳市振华微电子有限公司
华电福新周宁抽水蓄能有限公司	中国航天电子技术研究院
扬州锻压机床有限公司	光大环保能源（衢州）有限公司
葛洲坝石门特种水泥有限公司	湖南省储备粮管理有限公司
昆明轨道交通集团有限公司	广西自贸区见炬科技有限公司
广州环保投资集团有限公司	中国航天空气动力技术研究院
上海阀门厂股份有限公司	国能宁夏灵武发电有限公司
福建凯邦锦纶科技有限公司	烟台市喜旺食品有限公司
苏州绕城高速公路有限公司	深圳市飞荣达科技股份有限公司
陕西延长石油富县发电有限公司	中国电子科技集团有限公司
青岛征和工业股份有限公司	内蒙古华电包头发电有限公司
江苏神王集团钢缆有限公司	浙江康恩贝制药股份有限公司
新华制药股份有限公司	东莞深赤湾港务有限公司
淮浙煤电有限责任公司凤台发电分公司	中国电子科技集团公司第四十三研究所
辽宁大族冠华印刷科技股份有限公司	贵州华电桐梓发电有限公司
广东华捷钢管实业有限公司	内蒙古康源药业有限公司
深圳市职工继续教育学院	德邦物流股份有限公司
广东大唐国际肇庆热电有限责任公司	中国人民解放军第 6904 工厂
中国电子科技集团公司第三十八研究所	马鞍山当涂发电有限公司
亚普汽车部件股份有限公司	株洲千金药业股份有限公司
伊犁新天煤化工有限责任公司	深圳赛格日立公司
中山职业技术学院	华电能源股份有限公司哈尔滨第三发电厂
浙江浙能绍兴滨海热电有限责任公司	重庆博腾制药科技股份有限公司
兰州兰石集团有限公司	上海 ABB 变压器有限公司
中国石油兰州石化公司	华能上海燃机发电有限责任公司

福建晋江天然气发电有限公司	江苏全稳农牧科技有限公司
长春三鼎变压器有限公司	广州地铁集团有限公司
中国石油天然气集团公司	欧姆龙（大连）有限公司
西安印钞有限公司	内蒙古能源发电投资集团有限公司
湖北西塞山发电有限公司	青岛海佳机械集团有限公司
常熟纺织机械厂有限公司	深圳市宝路华运输（集团）有限公司
特变电工股份有限公司	中国石油化工股份有限公司
广西桂能电力有限责任公司	沈阳造币有限公司
湖北鄂丰模具有限公司	贵州金元黔西发电有限责任公司
霍州市锦兴煤业有限公司	广西梧州制药（集团）股份有限公司
中海福建燃气发电有限公司	广东科龙电器股份有限公司
黄山皖南机床有限公司	贵州乌江水电开发有限责任公司
闽东水电开发有限公司	武汉中粮肉食品有限公司
方圆阀门集团有限公司	贵州构皮滩发电厂
华安水力发电厂	中粮崇左糖业有限公司
江苏群业电工有限公司	福新能源古田溪水力发电厂
云南华电鲁地拉水电有限公司	郑州广汇食品有限公司
广东万丰摩轮有限公司	华电国际宁夏新能源发电有限公司
华电内蒙古开鲁风电有限公司	珠海麒麟统一啤酒有限公司
武汉华中自控技术发展股份有限公司	陕西华电风力发电有限公司
广东海大集团股份有限公司	通威股份有限公司
国桢美洁（安徽）生物质热电有限公司	华电哈密新能源有限公司
山东六和集团有限公司	济南轻骑铃木摩托车有限公司
潍柴动力股份有限公司	中国国际海运集装箱（集团）股份有限公司
广东天然气管网有限公司	三菱电机自动化（中国）有限公司
招商港务（深圳）有限公司	苏州苏嘉杭高速公路有限公司
深圳市陶和数码科技有限公司	浙江浙北高速公路管理有限公司
福建华电邵武能源有限公司	福建福清核电有限公司
中国华电集团有限公司广东分公司	广西桂东电力股份有限公司
浙江浙能嘉华发电有限公司	中国航天推进技术研究院
国能（泉州）热电有限公司	贵州金元茶园发电有限责任公司

昆山格林兰印染有限公司	山东亚太中慧集团有限公司
浙江嘉业印染有限公司	国投晋城能源有限公司
华电莱州发电有限公司	赣浙国华（信丰）发电有限责任公司
陕西能源赵石畔煤电有限公司	淮沪煤电有限公司田集发电厂
国能宁夏鸳鸯湖第一发电有限公司	浙江浙能镇海发电有限责任公司
广东粤电云河发电有限公司	温州燃机发电有限公司
贵州燃气集团股份有限公司	浙江浙能电力股份有限公司萧山发电厂
浙江浙能中煤舟山煤电有限责任公司	浙江浙能温州发电有限公司
贵州北盘江电力股份有限公司光照分公司	浙江浙能兰溪发电有限责任公司
河南佳怡食品有限公司	宁夏中宁发电有限责任公司
临沂矿业集团菏泽煤电有限公司	贵州乌江清水河水电开发有限公司
广西广投桥巩能源发展有限公司	辽宁华电铁岭发电有限公司
广西来宾广投银海铝业有限责任公司	浙江盛唐环保科技有限公司
梧州桂江电力有限公司	福建华电金湖电力有限公司
贺州市桂源水利电业有限公司	广西桂东电力股份有限公司供电分公司

原创自主研发版权课程

序号	版权课程
1	杰出班组长
2	杰出班组长——班组五力管理训练营
3	现场管理与班组建设
4	发电企业《精益管理督导师》实战训练
5	管理 5S/6S/7S
6	5S/6S/7S 督导师实战训练
7	《创造高收益——经营与会计》企业经营沙盘实战
8	《创造高收益——经营人才团队育成》企业沙盘实战

作品登记证书

登 记 号：国作登字-2020-A-01131988

作品名称：杰出班组长　　作品类别：文字作品

作　　者：深圳市立正管理咨询有限公司　　著作权人：深圳市立正管理咨询有限公司

创作完成日期：2002年11月18日　　首次发表日期：2003年04月18日

以上事项，由深圳市立正管理咨询有限公司申请，经中国版权保护中心审核，根据《作品自愿登记试行办法》规定，予以登记。

登记日期：2020年09月24日　　登记机构签章

中华人民共和国国家版权局统一监制

杰出班组长

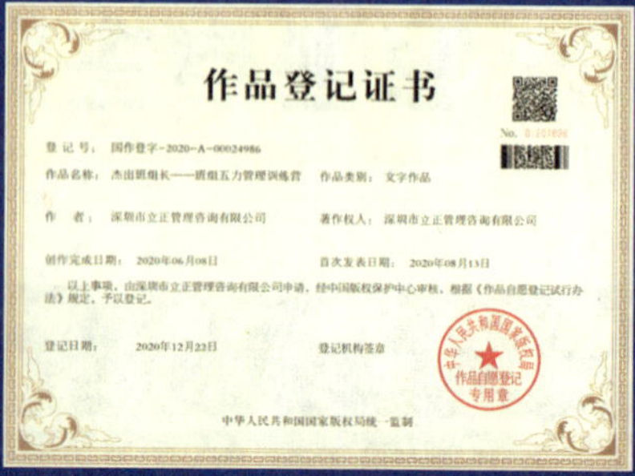

作品登记证书

登 记 号：国作登字-2020-A-00024986

作品名称：杰出班组长——班组五力管理训练营　　作品类别：文字作品

作　　者：深圳市立正管理咨询有限公司　　著作权人：深圳市立正管理咨询有限公司

创作完成日期：2020年06月08日　　首次发表日期：2020年08月13日

以上事项，由深圳市立正管理咨询有限公司申请，经中国版权保护中心审核，根据《作品自愿登记试行办法》规定，予以登记。

登记日期：2020年12月22日　　登记机构签章

中华人民共和国国家版权局统一监制

杰出班组长——班组五力管理训练营

作品登记证书

登 记 号：国作登字-2020-A-01131987

作品名称：现场管理与班组建设　　作品类别：文字作品

作　　者：深圳市立正管理咨询有限公司　　著作权人：深圳市立正管理咨询有限公司

创作完成日期：2006年02月18日　　首次发表日期：2006年10月18日

以上事项，由深圳市立正管理咨询有限公司申请，经中国版权保护中心审核，根据《作品自愿登记试行办法》规定，予以登记。

登记日期：2020年09月24日　　登记机构签章

中华人民共和国国家版权局统一监制

现场管理与班组建设

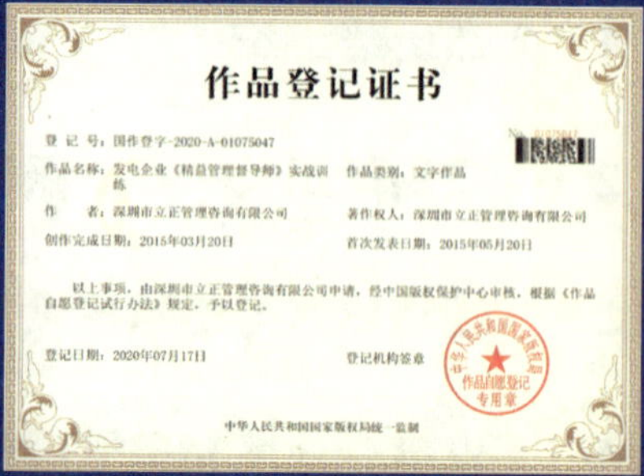

作品登记证书

登 记 号：国作登字-2020-A-01075047

作品名称：发电企业《精益管理督导师》实战训练　　作品类别：文字作品

作　　者：深圳市立正管理咨询有限公司　　著作权人：深圳市立正管理咨询有限公司

创作完成日期：2015年03月20日　　首次发表日期：2015年05月20日

以上事项，由深圳市立正管理咨询有限公司申请，经中国版权保护中心审核，根据《作品自愿登记试行办法》规定，予以登记。

登记日期：2020年07月17日　　登记机构签章

中华人民共和国国家版权局统一监制

发电企业《精益管理督导师》实战训练

作品登记证书

登 记 号：国作登字-2020-A-01075049

作品名称：管理5S/6S/7S　　作品类别：文字作品

作　　者：深圳市立正管理咨询有限公司　　著作权人：深圳市立正管理咨询有限公司

创作完成日期：2020年04月18日　　首次发表日期：2020年05月18日

以上事项，由深圳市立正管理咨询有限公司申请，经中国版权保护中心审核，根据《作品自愿登记试行办法》规定，予以登记。

登记日期：2020年07月17日　　登记机构签章

中华人民共和国国家版权局统一监制

管理 5S/6S/7S

作品登记证书

登 记 号：国作登字-2020-A-01075048

作品名称：5S/6S/7S督导师实战训练　　作品类别：文字作品

作　　者：深圳市立正管理咨询有限公司　　著作权人：深圳市立正管理咨询有限公司

创作完成日期：2015年03月18日　　首次发表日期：2015年04月18日

以上事项，由深圳市立正管理咨询有限公司申请，经中国版权保护中心审核，根据《作品自愿登记试行办法》规定，予以登记。

登记日期：2020年07月17日　　登记机构签章

中华人民共和国国家版权局统一监制

5S/6S/7S 督导师实战训练

作品登记证书

登 记 号：国作登字-2022-A-10115739

作品名称：《创造高收益——经营与会计》企业经营沙盘实战　　作品类别：文字作品

作　　者：深圳市立正管理咨询有限公司　　著作权人：深圳市立正管理咨询有限公司

创作完成日期：2021年04月02日　　首次发表日期：2021年04月02日

以上事项，由深圳市立正管理咨询有限公司申请，经中国版权保护中心审核，根据《作品自愿登记试行办法》规定，予以登记。

登记日期：2022年06月09日　　登记机构签章

中华人民共和国国家版权局统一监制

《创造高收益——经营与会计》
企业经营沙盘实战

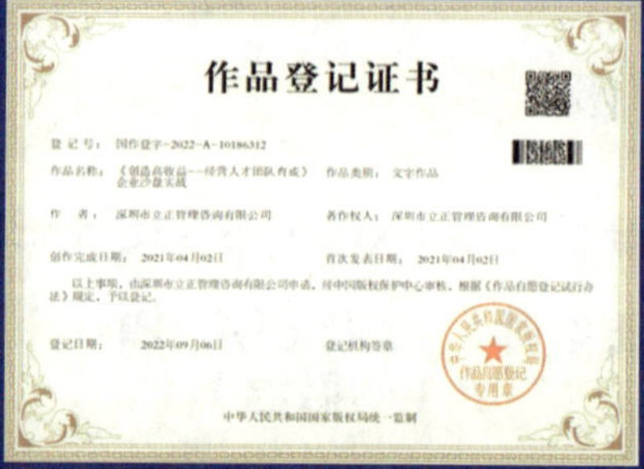

作品登记证书

登 记 号：国作登字-2022-A-10186312

作品名称：《创造高收益——经营人才团队育成》企业沙盘实战　　作品类别：文字作品

作　　者：深圳市立正管理咨询有限公司　　著作权人：深圳市立正管理咨询有限公司

创作完成日期：2021年04月02日　　首次发表日期：2021年04月02日

以上事项，由深圳市立正管理咨询有限公司申请，经中国版权保护中心审核，根据《作品自愿登记试行办法》规定，予以登记。

登记日期：2022年09月06日　　登记机构签章

中华人民共和国国家版权局统一监制

《创造高收益——经营人才团队育成》
企业沙盘实战

原创自主研发咨询项目

序号	咨询项目
1	杰出班组长育成记——班组五力管理训练营
2	工厂精益布局规划
3	工厂视觉价值设计
4	精益价值 7S
5	发电企业精益管理
6	党建品牌创建

《杰出班组长育成记——班组五力管理训练营》闯关地图

过关听封

- 公布成绩
- 获得荣誉
- 颁发奖励

第5关-改善力-构建精益求精的创新文化

1. 改善的定义
2. 改善的类型
3. 企业管理中的八大浪费
4. 八大浪费产生的原因与改善对策
5. 班组长必修的改善工具
6. 精益求精的精髓

★任务布置，过关后听封

第4关-战斗力-铸造PQCDS指标的绩效标杆

1. 企业班组战斗力现状调查
2. 用数据说话：如何做好班组管理中的数据管理
3. 数据管理方法的应用及案例讨论
4. 数据分析管理工具说明
5. 问题意识与问题解决方法
6. 如何应对异常4M（人机料法）的管理
7. 五现主义的应用

★任务布置，过关进入下一轮

第3关-凝聚力-打造凝心聚力、锐意进取的员工团队

1. 凝聚力在班组管理中的重要性
2. 如何做好新员工的工作教导
3. 员工培育的方法和步骤
4. 如何组织和展开高效的班前会
5. 如何内化班组管理经验：OPL(点滴教育)
6. 班组凝聚力文化建设案例分享

★任务布置，过关进入下一轮

第2关-现场力-营造有核心竞争力的生产环境

1. 现场管理的三化
2. 现场管理之基石——7S管理
3. 现场管理推行核心技法
4. 现场视觉价值体现技巧——目视化管理
5. 案例分析、现场讨论

★任务布置，过关进入下一轮

第1关-胜任力-塑造班组绩效的最终负责任者

1. 班组长的角色认知
2. 目前企业中常见的班组长类型剖析
3. 案例讨论：领导者的要求
4. 自我认知提升的四大障碍
5. 班组长日常工作中有哪些困惑
6. 班组长如何做好自己的日常管理工作
7. 管理者四项基本原则

★任务布置，过关进入下一轮

开始闯关：新时代下的班组管理要求

1. 班组在企业的重要性
2. 企业对班组的要求
3. "杰出班组长"闯关地图详解
4. 当前能力测试

国家版权局版权登记号

- 体现课程质量和权威
- 国作登字-2020-A-00024986

工厂精益布局规划

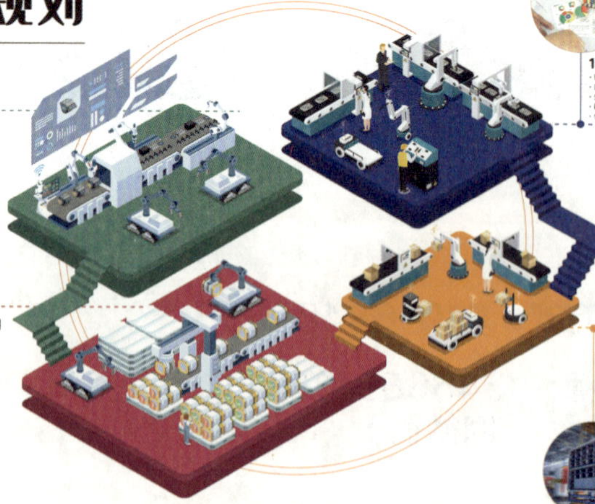

1. 现状深度调研

- 现状问题的访谈和收集
- 产品工艺流程、产能需求调研
- 生产功能区划分需求调研
- 配套设施面积需求调研
- 仓储物料分类和存储量调研

2. 产能总体规划

- 目标产能规模规划
- 产品PQ分析
- 产品PR分析
- 产品族群划分

3.厂内智能物流规划

- 功能区域物流关系度分析
- 厂区功能模块划分
- 生产来料/出货动线规划
- 功能模块需求面积规划
- 人员动线规划
- 智能运输载具类型规划与建议

7. 搬迁策划辅导

- 搬迁作业的梳理和分解
- 搬迁时间推移规划
- 搬迁策划方案编制
- 搬迁的落地与跟进

6. 生产布局仿真

- 系统数据的梳理和固化
- 建立仿真概念模型
- 模型实体设计
- 仿真分析与方案优化

5. 智能仓储规划

- 智能仓储区域模块规划
- 智能仓储面积/储位测算
- 智能仓储货架选型建议
- 智能搬运方式规划
- 仓储搬运频率/路线规划

4. 车间详细布局规划

- 车间产能规划分解
- 典型产品生产模式确定
- 车间生产功能模块布局规划
- 车间生产辅助设施规划
- 智能物流动线分析与规划
- 车间通道规划
- 人机需求核算
- 智能单元线体规划
- 物料暂存区域规划

工厂视觉价值设计

企业展厅
- 展厅主题定位
- 相关资料收集与解读
- 展厅功能区域规划
- 展项形式规划
- 展厅视觉目视化

室内空间布局规划
- 办公类空间布局规划
- 试验类空间布局规划
- 后勤类空间布局规划
- 会议室/培训室空间布局
- 公共区域空间布局规划

环境规划设计
- 环境规划设计
- 园林设计
- 厂前区设计
- 停车场设计

目视化导向标识
- 厂区
- 行政楼
- 生产区

参观通道
- 企业文化解读梳理
- 参观主题规划
- 参观路线规划
- 参观景点规划
- 参观通道视觉目视化

大门规划设计
- 入口大门设计
- 物流门设计

建筑外立面
- 办公楼外立面设计
- 研发楼外立面设计
- 实验楼外立面设计
- 宿舍楼外立面设计

区域规划
- 生产区
- 休息区
- 绿植园地
- 仓库

配色规划
- 主设备配色
- 地面配色
- 地面划线
- 物料盛具配色
- 钢结构配色

行政楼
- 温馨提示牌
- 柜子标识牌
- 制度牌
- 宣传栏
- 工作岗位牌
- 监控标识
- 消防使用说明标识
- 灭火器使用说明标识
- 消防疏散图
- 企业文化宣传

生产区
- 安全看板
- 质量看板
- 生产信息看板
- 制度看板
- 巡检看板
- 设备牌
- 班组管理看板
- 企业文化看板
- 一体化区域牌
- 定置牌
- 安全警示牌

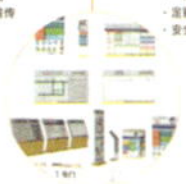

精益价值7S

管理7S定义
- 价值化
- 效率化
- 精细化
- 标准化
- 自主化
- 预控化
- 精益化

现场7S定义

1. 整理（Seiri）
2. 整顿（Seiton）
3. 清扫（Seiso）
4. 清洁（Seiketsu）
5. 素养（Shitsuke）
6. 安全（Safety）
7. 节约（Saving）

两大目的

1. 服务意识强化，管理效率提升
2. 经营效益深化，永续发展提升

三大特点
- 融于经营
- 务实操作
- 价值效益

五大内容
- 目视化
- 流程化
- 数字化
- 标准化
- 自主化

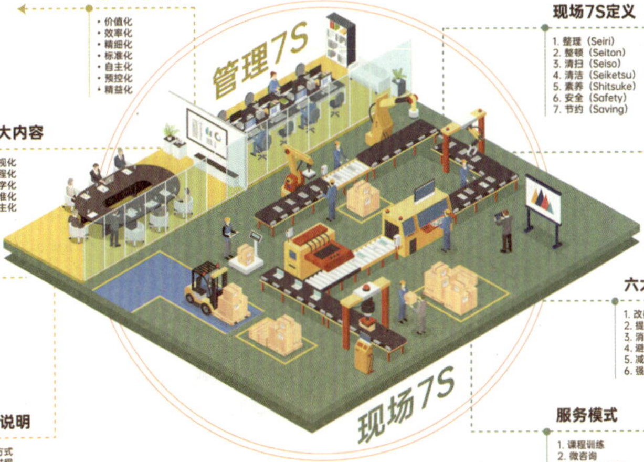

两大目标

外在
- 井然有序的生产现场
- 一目了然的管理状态
- 温馨明快的工作环境

内涵
- 纪律严明的员工队伍
- 迅速有效的异常应对
- 持续改善的企业氛围

七大成效

1. 从意识和方法着手，提升管理者团队意识和能力
2. 从效率着眼着手，提升组织效益和业绩
3. 从目视化着手，简化企业的管理，有利于运营和监督
4. 从风险预控着手，利用灵活高效的制度，实现制度管人
5. 从软性管理流程着手，制度层面改善工作
6. 从服务和责任着手，培养企业主人翁意识
7. 从持续优化着手，强化组织体质和系统

六大作用

1. 改善工作环境，增进员工交流
2. 提高工作效率，降低时间成本
3. 消除生产浪费，降低运营成本
4. 避免生产差错，提高工作质量
5. 减少设备故障，消除安全隐患
6. 强化人员素质，提升企业形象

服务模式

1. 课程训练
2. 微咨询
3. 专家驻场辅导

实施说明
- 实施方式
- 实施过程
- 实施步骤

服务模式

1. 课程训练
2. 微咨询
3. 专家驻场辅导

实施说明
- 实施方式
- 实施过程
- 实施步骤

发电企业
精益管理
2434 + N
2个目的
提质增效
降低成本
4个核心
消除浪费
创造价值
持续改善
精益求精
2434 + N
3个阶段
工具改善
精益课题大改善
精益浪费小改善
系统推进
发电全流程诊断
部门全业务诊断
班组全操作诊断
文化引领
班组精益管理文化
部门精益管理文化
公司精益管理文化
4个步骤
诊断
问题诊断
现状把握
目标设定
分析
因素分析
要因验证
改善
对策立案
措施实施
精益收益
标准化
标准化
+
N个业务
精益检修
精益财务
精益燃料
精益物资
精益安全
精益运行
精益基建
精益党建
精益人才
精益营销
……

党建品牌创建
1. 概念
根据党的建设总要求，以完成中心工作和中心任务，服务党的事业发展为目标，以加强党的长期执政能力、先进性和纯洁性建设为主线，运用品牌管理的理念，凝练提升党建工作的亮点、特色、成果、经验、规律等，探索符合新时代特点的党建工作新办法，服务中心工作的新路径，党支部战斗堡垒作用发挥的新模式，发挥党员先锋模范作用的新领域，形成具有一定的导向示范和辐射价值的基层党建标志性工作、精品工程。
2. 党建工作的"四大困惑"
1）弱化 2）虚化
3）淡化 4）边缘化
3. 党务工作者的"五大难点"
1）如何打造基层党建亮点特色
2）如何把党建与中心工作紧密结合
3）如何借助党建工作实现凝心聚力
4）如何创建强有力的党建工作抓手
5）如何开展丰富新颖的党建活动
4. 党建品牌"三大维度"
（1）党建品牌名称理念（Idea）
（2）党建品牌视觉形象((Visual)
（3）党建品牌落地行为(Behaviour)
5. 党建品牌解决"五大问题"
（1）为献礼建党百年提供载体
（2）为党建工作淬炼亮点特色
（3）为凝心聚力打造精神内核
（4）为工作开展创建有效抓手
（5）为基层组织梳理党企文化
6. 党建品牌"五大成果"
（1）收获一个凝聚人心、深入人心的党建品牌名称
（2）收获一个生动形象、精妙传神的党建品牌logo
（3）收获一套特色鲜明、内容深厚的党建品牌文化体系
（4）收获一套路径清晰、效果显著的党建品牌落地方法
（5）收获一套标准明晰、落地实用的党建品牌标准化应用手册与工具库
7. 党建品牌创建"七大步骤"
1）项目启动
2）调研实施
3）设计提案
4）方案评审
5）系统打造
6）品牌验收
7）项目结束
8. 项目"四大特色"
1）拥有一套先进的党建品牌建设工作法
2）拥有一支专业的党建品牌策划团队
3）拥有丰富的品牌建设经验
4）拥有一个精细严格的质量控制体系
党建品牌创建"四大要点"
1. 把握定位 明确主题
2. 体系打造 特点鲜明
3. 统一思想 宣传到位
4. 完善机制 持续发展
党建品牌创建"六大内容"
1、党建品牌有什么
2、党建品牌的特点
3、党建品牌命名
4、党建品牌logo
5、创建意义
6、创建措施

一书在手助你成为优秀的职业培训师
TTT 训的就是你
培训师职业成长手册
刘子熙 / 著
LIFE FIRST
12周年 修订升级珍藏版
生命第一
员工安全意识手册
祁有红 著
安全为了谁
零隐患 零事故
安全事故预防手册
刘寿红 著
安全生产是可以控制的
安全事故是可以避免的
十八般口才
翟杰 邓卿 著
古有十八般武艺 今有十八般口才
Handbook of Multiple Profit at Chinese Corporate
中国工厂 利润倍增 经营手册
刘承元 著
Handbook of Comprehensive Lean Management In China
中国工厂 全面精益改善 推进手册
刘承元 著
追求极致
——日本企业团队工作法
曲军 / 著
专精特新
向德国日本隐形冠军学什么?
林惠春 谢丹丹 朱新月 © 著
内耗
INTERNAL FRICTION
卓越高效团队建设的极大障碍
朱新月 高志鹏 / 著
企业管理出版社